예수님의 보혈

예수님의 보혈

베니 힌 지음 | 오복수 옮김

1979년 우리가 만난 이래로 나를 후원하며
나를 위해 기도하며 언제나 내 곁에 있어 주었던
내게는 참으로 귀하고 소중한 아내에게 이 책을 바칩니다.
주님께서 아내를 통해 내 삶을 크게 축복해 주셨습니다.

내가 이 책을 쓴 이유가 알 에이 토레이 목사님께서
하신 말씀 중에 잘 요약되어 있어서 여기에 소개합니다.

"하나님의 능력을 알려면 우리는
반드시 보혈의 능력을 알아야 합니다.
우리가 체험할 수 있는 말씀의 능력, 성령의 능력, 기도의 능력은
우리가 보혈의 능력을 얼만큼 알고 있는가에 달려있기 때문입니다."

| 차례 |

1. 보혈의 능력 그리고 그 약속 • 9
2. 태초부터 • 19
3. 속죄 • 29
4. 영원한 언약 • 39
5. 보호의 약속 • 57
6. 적용된 보혈 • 69
7. 나병 환자를 정결하게 함 • 87
8. 성령의 능력으로 변화된다 • 93
9. 머리부터 발끝까지 • 103
10. 장사지낸바 된 여러분의 과거 • 113
11. 값을 지불하고 사셨다 • 125
12. 우리의 중재자 • 135
13. 놀라운 은혜 • 149
14. 아버지의 손 • 173
15. 여러분의 새 가족 • 187
16. 성령의 인치심 • 201
17. 성찬 중에 주를 만남 • 211

chapter 1

보혈의 능력
그리고 그 약속

    이스라엘에서 자라서 그런지 내게는 유대인에 대한 남다른 이해심과 존중하는 마음이 항상 자리잡고 있었습니다. 역사를 통해서도 잘 알 수 있듯이 유대인들은 그들이 지금 살고 있는 땅과 말로는 표현하기 어려울 만큼 정서적으로 뗄레야 뗄 수 없는 관계를 맺고 있습니다. 지금도 수많은 유대인들은 그들의 구약시대 풍습을 오늘까지 이어오고 있습니다.

    이스라엘에서 살기는 했지만 우리 가족은 유대인이 아니었습니다. 나의 어머니 클레맨스는 아르메니아인 후손이었으며 나의 아버지 콘스탄디는 그리스에서 이집트로, 이집트에서 다시 팔레스타인으로 이민 온 집안에서 태어난 분이었습니다. 나의 어린시절의 다양했던 문화적 환경을 좀 더 나누자면, 나는 그리스 정교회에서 세례를 받았습니다. 학교에서는 불어로 공부를 했으며 집에서는 아랍어로, 집 밖에서는 히브리어로 대화를 나누었습니다.

1967년에 일어났던 6일 전쟁 직후 아버지께서는 가족들을 모두 한 자리에 모아놓고 다른 나라로 이민 갈 것을 발표하셨습니다. 그리고는 바로 다음 해에 우리 가족은 얼마되지 않는 재산을 가지고 캐나다 토론토에 도착하게 되었습니다. 그때 내 나이는 열여섯이었습니다.

이렇게 시작된 이민생활을 보내던 중 어느 날 나는 내가 다니던 학교에서 몇몇 학생들이 갖는 아침 기도모임에 우연찮게 참석하게 되었습니다. 거기서 예수님을 만나게 됨으로 내 인생은 새로운 전환점을 맞이했습니다. 그날 학교가 끝난 후 나는 곧장 집에 돌아와서 수년 동안 아무도 보지않던 커다란 검은색 성경책을 펼쳐놓고 복음서부터 시작해서 쉬지 않고 곧장 몇 시간 동안 읽어 갔습니다. 그러다가 마침내 나도 모르는 사이에 이렇게 기도하는 내 자신을 발견하게 되었습니다.

"예수님, 내 마음 속에 들어오시옵소서."

바로 그 주에 새로 알게 된 믿는 친구들과 함께 나는 그들이 나가는 교회에 참석하게 되었습니다. 그곳에 모인 사람들은 대단한 열성 신자들이어서 매주 목요일이면 토론토 시내에 위치하고 있는 바울성당에 모여서 하나님께 기도하며 찬송하는 일을 게을리하지 않았습니다. 그들이 모여서 예배드리는 중에 '예수님의 보혈로'라는 찬송을 부르고 '주님의 보혈로 우리를 덮어 주옵소서'라는 기도를 드리는 것은 보았지만 예수님의 보혈에 관한 구체적인 가르침은 들어보지 못했습니다.

내가 쓴 『안녕하세요 성령님(Good Morning, Holy Spirit)』을 읽어본 독자들은 1973년에 성령님을 만났던 나의 체험에 대해서 잘 알고 있을 것으로 생각합니다. 이 체험이 바로 나의 삶을 완전히 변화시킨 계기가 되었습니다. 바로 그 순간부터 성경은 내게 전혀 새로운 차원으로 다가왔습니다. 날마다 나는 성경 말씀 속에 깊이 빠져들어갔고 성령님께서는 나의 친구요 또한 안내자가 되어 주셨습니다.

창세기부터 계시록에 이르기까지 나는 성경의 모든 내용을 마치 바짝 마른 스폰지가 물을 쑥쑥 빨아들이듯이 그렇게 갈급해 하며 배우기 시작했습니다.

내가 이해하지 못하는 부분이 있을 때는 성령님께 깨닫게 해 달라고 기도했습니다. 내가 하나님과 사람 사이의 관계가 오직 피언약에 의해서 맺어졌음을 깨닫게 된 것도 바로 이때였습니다.

배움의 나날들

한 젊은 신자로서 이처럼 흥분되는 시간들을 보내면서 매주 일요일이면 나는 맥스웰 화이트 목사님께서 담임하시는 교회에 나갔습니다. 화이트 목사님은 뛰어난 성경 교사이셨으며, 후에 나는 이분을 나의 영적인 스승으로 모시게 되었습니다.

나에게 물세례를 주신 분도 바로 이 목사님이셨습니다. 화이트 목사님께서 지속적으로 가르치시던 주제 중 하나가 바로 예수님의 보혈에 관한 것이었습니다. 그런데 왜 하나님께서 그분의 성령을 성도들에게 부어주시는가를 설명하시던 목사님의 가르침은 지금도 내 기억 속에 남아 있으며 앞으로도 결코 잊지 못할 것입니다. 목사님께서는 1908년에 킬시드와 스코트랜드에서 일어났던 성령님의 놀라운 역사가 오직 예수님의 보혈의 능력을 올바로 깨달음으로 말미암아 찾아왔던 자연스러운 결과라고 설명해 주셨습니다.

"존 리드라고 하는 한 형제가 모인 무리들과 함께 기도하다가 갑자기 그의 손을 번쩍 들어올리며 '예수님의 보혈'이라고 외치면 즉시 모여 있던 사람들 위에 성령님께서 임하셨습니다. 그때 그들은 오순절에 역사하던 성령체험을 경험하기 시작했다."고 말씀하셨습니다. 이렇게 해서 부흥의 물결이 영국에까지 퍼지게 된 것이었습니다.

그분의 저서인 『보혈의 능력(The Power of the Blood)』이라

는 책에서 화이트 목사님은 2차 세계대전 당시 그분이 영국에서 살던 이야기를 다음과 같이 기록하고 있습니다.

"수차례 거듭되는 공중 폭격이 밤하늘을 온통 날아다니는 유도탄으로 장식했습니다. 언제 우리에게 폭탄이 떨어질지 모르는 위험속에 살면서도 우리는 아이들과 함께 매일 밤 한번도 깨지 않고 편안히 누워서 잘 수 있었습니다. 그때 우리를 보호해 주셨던 예수님의 보혈의 능력이 너무도 생생합니다. 그것은 마치 우리가 어떤 종류의 폭탄에도 끄덕없는 튼튼한 방공호 속에서 잠을 자는 것 같았습니다. 사실 그때 당시 우리 스스로도 예수님의 보혈이 세상에서 가장 안전한 방공호라고 이야기하곤 했었습니다."

화이트 목사님은 매일 밤 잠자기 전에 예수님의 보혈로 그분이 살던 집과 그분의 자녀들을 덮어 달라고 기도하셨다고 합니다.

그러던 어느 날 밤에 목사님께서 사시던 곳을 중심으로 3/4마일(1.2Km:역자 주) 이내에 열 세 개나 되는 폭탄이 떨어졌음에도 불구하고 건물 일부가 사소한 피해를 입었을 뿐 가족 모두가 무사했다고 말씀하셨습니다.

이 이야기를 나누시면서 목사님께서 성도들에게 강조하시고 또 강조하시던 말씀이 지금도 생각납니다.

"성도 여러분, 저는 살아서 역사하시는 보혈의 외침과 그 능력이 단 한 번도 실패하는 것을 보지 못했습니다."

바로 이런 목사님의 가르침 때문에 예수님의 보혈에 관한 나의 관심은 더욱더 커지기 시작했습니다. 그 후부터 마침내 내 자신이 직접 보혈에 관해 성경이 어떻게 말하고 있는지 공부하기 시작했던 것입니다.

주님은 자신의 생명을 내어 주셨습니다

수년이 지난 후 플로리다 주 오랜도라고 하는 도시에서 교회를 시작하게 되었을 때 하나님께서는 나에게 예수님의 피언약에 관한 놀라운 깨달음을 주셨습니다. 그 깨달음은 나의 목회와 인생에 다시없을 변화를 가져다 주었습니다.

어느 토요일 오후 성도들에게 예수님의 피언약에 관해서 가르칠 말씀을 준비하면서 나는 이렇게 기도했습니다.

"주님, 저에게 주님의 보혈에 관해서 깨닫게 해 주옵소서."

이 기도를 막 드리자마자 나는 하나님의 임재하심을 느끼면서 흐느껴 울기 시작했습니다.

바로 이날, 나는 예수님의 피가 의미하는 또 다른 새로운 깨달음에 이르게 되었습니다. 그때부터 예수님의 피는 곧 그분의 생명이라고 성령님께서 내게 보여주기 시작하셨습니다. 예수님께서 갈보리 언덕에서 그분의 피를 흘리신 것은 다름 아닌 그분의 생명을 우리에게 내어주신 것이었기에 우리가 주님께 그분의 피로 우리를 씻어주시고 덮어 달라고 기도할 때 바로 그분의 생명을 주시는 능력을 우리가 체험하게 되는 것을 깨닫게 되었습니다.

목회를 하면서 의외로 많은 그리스도인들이 예수님의 속죄하심에 대해서 너무 모르고 있다는 것과 바로 이 때문에 하나님께서 그들의 삶 가운데 예비하신 참 자유를 누리지 못하고 있다는 사실도 알게 되었습니다.

예를 들자면, 많은 성도들이 내게 찾아와서 사탄이 계속해서 그들을 억누르고 있다고 고백하는 것을 듣고, 나는 하나님께 예수님의 피로 나를 덮어 달라고 기도하기 시작한 후부터 한번도 사탄의 억누름 따위를 경험하지 못했다고 말하자 그들은 놀라움을 금치 못했습니다.

전에는 나도 우울해지면서 생각이 꽉 막힌 것 같은 때가 가끔 있었습니다. 또 때로는 내가 기도하려고 할 때면 형언할 수 없는 공포가 내게 밀려오면서 나를 억누르는 것을 경험하기도 했습니다. 악몽을 꾼 적도 있었고, 어떤 때는 누군가가 정말 나의 목을 조르는 것 같은 때도 있었습니다.

하지만 하나님께서 나에게 예수님의 보혈에 관한 놀라운 깨달음을 주신 후로 나는 예수님의 보혈로 덮어 달라는 기도를 드리기 시작했습니다. 그 후부터는 그런 무서운 경험들은 완전히 사라지고 말았습니다. 수년이 지난 지금까지도……

예수님의 피에 능력이 있음은 의심할 여지가 없습니다. 하지만 그 피 자체에 무슨 마법이 있는 것이 아닙니다. 피의 능력이란 오직 예수님 그분 자신으로부터 능력을 의미하며, 우리가 기도함으로 예수님의 보혈을 우리 삶 가운데 적용할 때에 역사하시는 분도 바로 예수님 자신인 것입니다.

그러므로 우리는 믿음을 가지고 예수님의 피가 우리 가운데 역사하시도록 기도해야만 합니다. 이제 내가 왜 이 책을 쓰게 되었는지 그 이유를 나누고자 합니다.

첫째, 하나님께서 성경에 두신 '피언약'의 중요성에 대해 눈을 뜨도록 하기 위해
둘째, 예수님의 보혈의 능력을 실제로 나타내 보이기 위해.
셋째, 예수님의 보혈을 통해서 어떻게 하나님의 임재하심을 경험할 수 있는가를 보여주기 위해.
넷째, 예수님께서 흘리신 보혈 때문에 하나님께서 우리에게 주신 크고 놀라운 은혜를 깨닫도록 하기 위해.
다섯째, 예전에 경험하지 못했던 예수님 안에 있는 참 자유를 누리는 그리스도인의 삶이 되도록 하기 위해.

나는 여러분이 성경을 펼쳐놓고 이 책을 읽어 나가도록 권면하고 싶습니다. 창세기부터 요한계시록에 이르기까지 하나님께

서 정말 그처럼 보혈을 강조하셨다면, 거기에는 반드시 우리가 알아야 할 하나님의 귀중한 메시지가 담겨져 있을 것이 분명하다고 생각되지 않습니까?

온전한 깨달음

내가 성령님께 피언약에 관해서 깨닫게 해 달라고 기도했을 때 성령님께서는 내게 몇 가지 질문들을 제기하셨고 말씀을 통해서 그 질문들에 하나씩 답변해 주셨습니다. 바로 그 질문들이 어떠한 것들이었는지 여기에 소개해 보려고 합니다.

1. 히브리서 12장 24절에 "아벨의 피보다 더 나은 것을 말하는 뿌린 피"라는 말이 도대체 무슨 뜻인가?
2. 왜 나병 환자에게 일곱 번 피를 뿌려야 정결하다 함을 입었다고 하는가? (레 14:7)
3. 오늘을 사는 우리는 어떻게 예수님의 보혈의 능력을 적용할 것인가?
4. 하나님의 은혜가 예수님의 피와 어떻게 연관되어 있는가?
5. 어떻게 하면 예수님의 보혈이 우리들의 가정을 보호하도록 역사하시게 할 것인가?

6. 예수님께서 십자가에서 흘리신 피와 기름 부으심과는 어떠한 관계가 있다고 성경은 말하는가?
7. 히브리서 9장 12절에 "오직 자기의 피로 영원한 속죄를 이루사 단번에 성소[1]에 들어가셨느니라"는 말이 무슨 뜻인가?
8. 오늘날 우리들이 살아가는 동안 어떻게 예수님의 보혈로 우리의 대적 마귀를 무찌를 수 있는가?

여러분들이 이 책을 읽어 나가면서 예수님의 피언약을 이해하게 될 때 하나님의 놀라운 임재하심을 체험하게 되리라고 저자는 확신하며 그렇게 되기를 기도드립니다.

---

[1] 우리말 성경에는 성소라고 번역되어 있으나 원래 의미는 지성소이며 저자가 사용한 영어성경에도 the Most Holy Place(the Holy of Holies)라고 되어 있다.

chapter 2

태초부터

    이스라엘 야파에서 우리가 살던 집은 꽤 커보였습니다. 비좁은 땅을 효율적으로 사용할 목적으로 보통 세 가족이 한 건물 안에서 살도록 그렇게 집들이 지어져 있었기 때문입니다. 우리가 살던 집 맨 윗층에 한나씨와 그 가족들이 살고 있었습니다. 한나씨는 레바논 사람인데 헝가리에서 유대인 여자를 만나 결혼하게 되었다고 합니다. 우리 가족에게 있어서 한나씨는 이웃사촌 이상으로 가까운 사이였습니다. 한나씨와 아버지 사이에 맺어진 계약에 따르면 한나씨는 우리 여덟 형제에게 아버지나 다름없는 분이었습니다.

그때 한나씨와 아버지께서 맺은 계약은 내 기억 속에서 결코 지워지지 않을 것입니다. 두 분은 면도날로 각각 자기 팔목에 칼집을 내서 피가 스며나오도록 한 다음 서로의 팔목을 꼭 맞대고 두 사람의 피가 섞이도록 했습니다. 그러고 나서 와인이 들어있는 각각의 술잔 위에 서로의 피를 몇 방울씩 떨어뜨려서 두 개의 잔을 섞은 다음 아버지는 한나씨의 잔을 한나씨는 아버지의 잔을 각각 마셨습니다. 바로 이 순간 그들은 피를 나눈 형제가 된 것입니다.

이와 같은 방법은 특히 동양사람들 가운데 그리고 그 외 많은 다른나라 사람들에게 있어서도 두 남자 사이에 맺어질 수 있는 가장 강하고 결속력 있는 계약으로 알려져 있습니다. 일부 동양사람들은 이와 같은 방법으로 다음과 같이 혈서를 쓰기도 합니다.

"만일 당신이 당신의 자녀들을 더 이상 뒷바라지할 수 없는 상황이 될 때 내가 그들의 아버지가 되어서 그들을 후원할 것이며 만일 당신이 병들거나 죽게 될 때는 내가 당신 가족의 모든 삶을 책임지겠노라."

이것은 단순한 법적인 계약 그 이상의 것입니다. 다시 말해서 이것은 하나의 맹세요 피로 맺어진 언약이기에 결코 깨어질 수 없는 것입니다.

내가 그리스도인이 된 다음 성령님께서 내게 하나님의 말씀을 가르쳐 주실 때 동양 문화권에서 자라면서 피로 맺은 언약의 영향력을 잘 지켜봐온 나에게 다음과 같은 깨달음을 주셨습니다.

"사람과 사람 사이에 맺은 피언약이 그렇게 효력이 있을진대 하물며 하나님께서 인간과 맺으신 피언약의 중요성과 그 능력은 어떠하겠느냐!"

창세기부터 요한계시록에 이르기까지 한 줄기 진한 붉은 빛 강물이 끊임없이 흐르고 있으며 이 물줄기는 오늘도 당신과 나를 위해 하나님께서 예비하신 그분의 능력과 안위와 약속에 생명을 공급하는 원천이 되고 있는 것입니다.

생명의 호흡

하나님과 인간 사이에 맺어질 피언약은 인류를 향하신 하나님의 계획 속에 들어 있었으며 이 피언약은 하나님께서 우리를 창조하실 때 이미 시작되었음을 창세기에 기록된 인간 창조과정을 통해 알 수 있습니다. 하나님께서는 세 단계를 거쳐서 우리를 창조하셨습니다.

그 첫 번째가, "여호와 하나님이 땅의 흙으로 사람을 지으시고"(창 2:7)의 단계입니다. 하나님께서 직접 당신의 손으로 진흙을 뜬 다음 손으로 빚어서 인간의 모양을 만드시는 모습이 내 눈에 보이는 듯 합니다. 바로 이때 하나님께서 우리의 피도 창조하셨다고 믿습니다.

두 번째는, "생기를 그 코에 불어넣으시니"(창 2:7)의 단계입니다. 이 순간에 우리의 영이 우리 존재 안에 태어나게 되었습니다. 성경은 종종 하나님의 영을 하나님의 숨(호흡)으로 표현하고 있습니다. 따라서 영이신 하나님께서 그분의 영으로 우리의 영을 창조하셨다고 믿는 것입니다.

세 번째로, "사람이 생령이 되니라"(창 2:7)의 단계입니다. 이것은 인간이 그의 몸과 영을 하나님께로부터 부여받아서 하나의 독립된 존재(또는 영혼)가 된 것을 말합니다. 그러므로 하나님께서 지으신 영과 몸과 혼은 다음과 같은 독특한 기능을 각각 수행합니다.

첫째, 우리 안에 있는 영은 하나님을 친밀하게 아는 영역으로 하나님을 지각하는 기능을 수행합니다.
둘째, 우리의 몸은 그 속에 우리가 거하는 겉사람(껍질)으로서 세상을 지각하는 기능을 수행합니다.
셋째, 혼은 우리의 지식과 의지와 감정을 말하며 나 자신을 지각하는 기능을 수행합니다.

마치 고고학자가 땅을 파헤치며 숨겨진 보물을 찾듯이 말씀을 공부하면서 하나님께서 창조하신 이와 같은 이치를 깨닫게 될 때 내 마음은 기쁨으로 충만했습니다. 나의 영은 하나님을 만드는 영역이고, 나의 육은 세상에 속해 있는 것들을 접촉하며,

나의 혼으로는 느끼고, 이해하고, 생각하며, 결정하는 일들을 한다는 사실을 알게 되었습니다.

하나님께서 인간을 창조하실 때 또 하나의 기이한 일이 일어났습니다. 그것은 레위기에 "육체의 생명은 피에 있음이라"(레 17:11)고 기록되었듯이, 하나님께서 아담의 코에 생명의 호흡을 불어넣으신 순간 아담의 피가 생명을 간직한 '산 피'가 되었다는 사실입니다.

수세기 동안 의사들은 인체의 피가 갖고 있는 놀라운 기능들을 연구해 왔습니다. 그들은 피가 혈관을 통해서 산소와 영양분을 우리 몸의 각 조직으로 운반한다는 사실과 인체가 질병으로부터 감염되는 것을 막아 주는 면역 작용을 한다는 사실을 발견했습니다. 하지만 하나님께서 인간의 피 속에 두신 중요성에 대해서는 아직도 이들이 알지 못하는 부분이 너무나 많이 있습니다.

에덴동산에서

하나님께서 인간과 맺으신 그 피언약의 엄청난 능력을 이해하려면 먼저 에덴동산에서 어떤 일이 일어났었는지 알아야 합니다. 하나님께서는 아담을 지으실 때 그를 지극히 완전한 존재로 창조하셨습니다. 아담은 하나님께서 지으신 모든 동물들의 이름을 다 지어주었을 뿐 아니라 그 모든 동물들의 이름을 기억하고 있을 만큼(어느 동물학자도 지구상의 모든 동물들의 이름을 알지 못한다 : 역자 주) 놀라운 지적 능력을 소유하고 있었습니다. 뿐만 아니라 첫 인류로 지음을 받은 아담과 하와는 하나님과 완벽한 조화 속에서 살고 있었습니다. 하나님께서는 하루 중 서늘한 때 동산을 거니시며 그들과 함께 교제를 나누셨고 그들은 하나님과 깊은 사귐 가운데 있었습니다. 그러나 에덴동산에는 그들의 적이 그들을 노리고 있었습니다.

> 여호와 하나님이 지으신 들짐승 중에 가장 간교하니라 뱀이 여자에게 물어 이르되 하나님이 참으로 너희에게 동산 모든 나무의 열매를 먹지 말라 하시더냐 (창 3:1)

간교한 사탄은 여자에게 "하나님이 참으로 너희에게 동산 모든 나무의 열매를 먹지 말라 하시더냐?"라고 물었습니다. 사탄은 이와 같이 하나님께서 하신 말씀에 질문을 제기함으로 할 수만 있으면 언제든지 우리로 하여금 하나님을 의심하게 합니다. 그분의 신실하심과 사랑, 그분의 능력과 약속의 말씀에 의문을 던져보게 하는 것입니다. 사탄이 여자에게 물었던 질문도 "하나님이 참으로 그렇게 말씀하시더냐?"는 것이었습니다. 이 질문에 대한 여자의 대답을 보면 여자는 하나님의 말씀보다 시험하는 자의 말에 귀를 기울였고 마침내 하나님의 말씀을 거역하기에 이르렀음을 우리는 알 수 있습니다.

여자는 뱀에게 "동산 나무의 열매를 우리가 먹을 수 있으나 동산 중앙에 있는 나무의 열매는 하나님의 말씀에 너희는 먹지도 말고 만지지도 말라 너희가 죽을까 하노라 하셨느니라"(창 3:2-3)라고 대답했습니다. 여기에서 살펴보면 하나님께서는 분명히 "반드시 죽으리라"(창 2:17)고 말씀하셨음에도 불구하고 하와의 대답은 "죽을까 하노라"였음에 주목할 필요가 있습니다.

그렇게 대답하자마자 사탄은 곧 여자에게 "너희가 결코 죽지 아니하리라 너희가 그것을 먹는 날에는 너희 눈이 밝아져 하나님과 같이 되어 선악을 알 줄 하나님이 아심이니라"(창 3:4-5)고 말함으로 여자로 하여금 하나님을 의심하고 오히려 자기의 말을 믿도록 유도했습니다.

사탄은 언제든지 하나님과 같이 되기를 간절히 원해 왔습니다. 성경은 사탄이 그 마음에 "내가 하늘에 올라 하나님의 뭇 별 위에 내 자리를 높이리라"(사 14:13)고 결심한 장면을 기록하고 있지 않습니까? 이렇게 하나님처럼 되려고 했다가 결국 하늘에서 추방당한 사탄은 이루지 못한 그의 소원을 하나님께서 창조하신 첫 여자에게 불어 넣어서 여자로 하여금 하나님처럼 되고자 하는 마음을 갖도록 시도한 것이었습니다. 뿐만 아니라 사탄은 거기에서 멈추지 않고 수천 년이 지난 지금에도 동일한 생각을 가지고 믿는 성도들의 마음을 두드리고 있음을 우리는 알아야 합니다.

육신과 마귀

여자는 자신이 사탄의 거짓말에 넘어갔을 뿐만 아니라 아담도 함께 참여하도록 유도했습니다. 이렇게 해서 인류의 원죄는 아담의 마음 속에 깊이 뿌리내리게 된 것입니다.

> 여자가 그 나무를 본즉 먹음직도 하고 보암직도 하고 지혜롭게 할 만큼 탐스럽기도 한 나무인지라 여자가 그 열매를 따먹고 자기와 함께 있는 남편에게도 주매 그도 먹은지라 (창 3:6)

이 한 구절 속에서 우리는 사탄이 여자를 시험하는데 사용했던 세 가지의 위력적인 도구를 발견할 수 있습니다.

첫째, 육신의 정욕 (그 나무를 본즉 먹음직도 하고)
둘째, 안목의 정욕 (보암직도 하고)
셋째, 이생의 자랑 (지혜롭게 할만큼 탐스럽기도 한 나무인지라)

왜 이와 같은 방법으로 사탄은 우리를 유혹하는 것일까요? 그것은 바로 우리를 끌어내려서 죄악이 관영한 세상 속에 물들게 하려는 간절한 그의 욕망에서 비롯된 것입니다. 이 때문에 성경은 우리에게 다음과 같이 경고하는 것이 아니겠습니까?

> 이 세상이나 세상에 있는 것들을 사랑하지 말라 누구든지 세상을 사
> 랑하면 아버지의 사랑이 그 안에 있지 아니하니 이는 세상에 있는
> 모든 것이 육신의 정욕과 안목의 정욕과 이생의 자랑이니 다 아버지
> 께로부터 온 것이 아니요 세상으로부터 온 것이라 (요일 2:15-16)

사탄은 이와 똑같은 세 가지의 시험을 가지고 광야에서 금식하시던 예수님을 찾아왔습니다. "네가 만일 하나님의 아들이어든 명하여 이 돌들로 떡덩이가 되게 하라"(마 4:3) 무엇을 구실로 삼아 예수님을 유혹하고 있습니까? 육신의 정욕을 제시해 본 것입니다.

"마귀가 또 그를 데리고 지극히 높은 산으로 가서 천하 만국과 그 영광을 보여"(마 4:8)준 것은 안목의 정욕을 가지고 예수님을 유혹하고자 한 것입니다. 또한 이생의 자랑에 호소해 보려고 다음과 같이 예수님께 말했습니다.

> 네가 만일 하나님의 아들이어든 뛰어내리라 기록되었으되 그가 너
> 를 위하여 그의 사자들을 명하시니 그들이 손으로 너를 받들어 발
> 이 돌에 부딪치지 않게 하리로다 하였느니라 (마 4:6)

사탄도 하나님의 말씀을 알고 있었으며 심지어 시편 91편 11-12절 말씀을 "기록되었으되"라고 인용하며 예수님께 맞선 것을 볼 수 있습니다. 하지만 예수님께서는 하나님의 말씀을 훨

씬 더 잘 알고 계셨기에 하늘의 권세를 가지고 "기록되었으되 주 너의 하나님을 시험하지 말라 하였느니라"(마 4:7)고 대응하셨습니다. 예수님께서는 세 번에 걸쳐서 그때마다 "기록되었으되"(마 4:4, 7, 10)라고 말씀하셨습니다. 그리고 마침내 "사탄아 물러가라 기록되었으되 주 너의 하나님께 경배하고 다만 그를 섬기라 하였느니라"(마 4:10)고 응답하심으로 사탄의 시험을 종결지으셨습니다.

사탄은 오늘도 동일한 전략을 사용해서 우리를 유혹하려 하지만 우리 주 예수님께서 사탄을 무찌르셨던 그 말씀의 동일한 능력이 오늘 우리에게 있음을 알아야 합니다. 하나님의 말씀 자체가 하나님께서 인간과 맺으신 피언약의 내용과 그 약속들을 증거하고 있기 때문에 이 말씀은 우리 대적 마귀에게 위력적인 무기가 되는 것입니다.

원죄가 아담에게 들어온 순간부터 하나님께서는 속죄를 이루실 목적으로 피언약을 계획하셨습니다. 바로 다음 장에서 그 속죄함이 어떻게 이루어지는지 살펴보기로 하겠습니다.

chapter 3

속죄

　아담과 그 아내가 사탄의 유혹에 굴복함으로 말미암아 "그들의 눈이 밝아져 자기들이 벗은 줄을 알고 무화과나무 잎을 엮어 치마로 삼았더라"(창 3:7)고 성경은 기록하고 있습니다. 그들이 스스로 자신들의 옷을 만들려고 했다는 사실 자체가 자신들의 부끄러움을 가려야 할 필요를 깨달았음을 보여주고 있는 것입니다. 마귀의 유혹에 굴복하는 순간 그들은 하나님을 지각하던 능력을 잃어버리고 자신을 지각하는 능력만 남게 되었습니다. 이제는 하나님도 그분의 영광도 볼 수 없게 되어버리고 만 것입니다.

이들이 범죄하기 전에는 자신들의 벗은 몸을 보고도 전혀 부끄럽게 여기지 않았습니다. 하나님의 영광으로 가려져 있던 그들에게는 오늘날 우리가 입는 옷이 전혀 필요가 없었기 때문입니다. 오히려 그들은 하나님을 옷으로 삼고 살았으며 이렇게 사는 것에 익숙해져 버린 그들이기에 범죄한 후 그들에게서 하나님의 옷이 벗어졌을 때 즉시 자신들을 가리울 것을 찾게 될 수밖에 없었던 것입니다.

범죄 후 그들이 처음으로 자신들의 모습을 바라보았을 때 그들은 자신들의 벗은 모습이 얼마나 적나라하게 노출되어 있었는지 깨달았습니다. 날이 서늘할 때에 동산에 거니시는 여호와 하나님의 음성을 듣게 되자 그들은 여호와 하나님의 낯을 피하여 동산나무 사이에 숨을 수밖에 없었습니다.

"네가 어디 있느냐?"(창 3:8-9)는 하나님의 부름에 "내가 동산에서 하나님의 소리를 듣고 내가 벗었으므로 두려워하여 숨었나이다"(창 3:10)라고 아담은 대답했습니다. 그러자 하나님께서는 "누가 너의 벗었음을 네게 알렸느냐 내가 네게 먹지 말라 명한 그 나무 열매를 네가 먹었느냐?"(창 3:11)고 물으셨습니다. 이에 대해 아담은 그의 아내 때문이라고 변명했습니다. 하나님께서 다시 여자에게 물으시자 여자는 "뱀이 나를 꾀므로 내가 먹었나이다"(창 3:13)라고 하며 자신의 잘못을 마귀탓으로 돌렸습니다.

저주와 형벌

이들의 죄 때문에 하나님께서는 각각 다섯 가지의 저주와 형벌을 내리셨습니다.

첫째, 하나님께서는 뱀을 저주하셨습니다.
> 여호와 하나님이 뱀에게 이르시되 네가 이렇게 하였으니 네가 모든 가축과 들의 모든 짐승보다 더욱 저주를 받아 배로 다니고 살아 있는 동안 흙을 먹을지니라 (창 3:14)

둘째, 하나님께서 여자에게 형벌을 내리셨습니다.
> 또 여자에게 이르시되 내가 네게 임신하는 고통을 크게 더하리니 네가 수고하고 자식을 낳을 것이며 너는 남편을 원하고 남편은 너를 다스릴 것이니라 (창 3:16)

셋째, 하나님께서 아담에게 수고하는 삶을 형벌로 주셨습니다.
> 아담에게 이르시되 네가 네 아내의 말을 듣고 내가 네게 먹지 말라 한 나무의 열매를 먹었은즉 땅은 너로 말미암아 저주를 받고 너는 네 평생에 수고하여야 그 소산을 먹으리라 (창 3:17)

넷째, 하나님께서 땅을 저주하셨습니다(창 3:17).

> 땅이 네게 가시덤불과 엉겅퀴를 낼 것이라 (창 3:18)

다섯째, 하나님께서 아담에게 죽음이라는 형벌을 내리셨습니다.

> 네가 흙으로 돌아갈 때까지 얼굴에 땀을 흘려야 먹을 것을 먹으리니 네가 그것에서 취함을 입었음이라 너는 흙이니 흙으로 돌아갈 것이니라 (창 3:19)

이처럼 형벌을 내리시는 와중에도 하나님의 놀라우신 구원의 약속이 뱀에게 하신 말씀 가운데 들어있음을 볼 때 실로 놀라지 않을 수 없습니다.

> 내가 너로 여자와 원수가 되게 하고 네 후손도 여자의 후손과 원수가 되게 하리니 여자의 후손은 네 머리를 상하게 할 것이요 너는 그의 발꿈치를 상하게 할 것이니라 (창 3:15)

이 말씀 속에서 하나님께서는 여자의 후손을 통해서 인류를 구원하실 약속을 선포하신 것이며, 이 약속은 십자가 위에서 사탄의 권세를 멸하신 예수님에 의해서 완전히 성취되었습니다. 바로 이 성취는 하나님께서 모든 믿는 자들에게 마음껏 누리라고 주신 승리의 소식인 것입니다.

첫 번째 희생 제물

에덴동산에서 이 모든 일들이 진행되는 동안 하나님께서는 한 가지 기막힌 일을 이루어 놓으셨습니다. 그것은 바로 피를 대가로 지불하는 첫 번째 희생 제물을 마련하신 사건입니다.

> 여호와 하나님이 아담과 그의 아내를 위하여 가죽옷을 지어 입히시니라 (창 3:21)

아담과 하와는 이제 하나님의 임재하심에서 떠난 상태였고 그분의 영광을 잃어버렸다는 사실을 기억할 필요가 있었습니다. 그들은 벌거벗었고 부끄러웠으며 나뭇잎으로 자신들의 수치를 가려보려고 했습니다.

이때 하나님께서는 한 종류의 짐승을 선택해서(아마 양일 것으로 추측됨) 잡으시고 그 가죽으로 남자와 여자를 덮어 주셨습니다(창 3:21). 막 죽임을 당한 짐승의 가죽이었기에 하나님께서 아담과 하와를 덮어 주셨을 때 그 가죽은 아직도 피에 축축이 젖은 상태였으리라고 나는 믿습니다.

여기에서 우리가 반드시 주목해야 될 것은 하나님께서 처음 희생 제물을 통해서 아담과 하와의 죄를 덮어 주신 것도 짐승의 피였으며, 앞으로 보게 되겠지만, 여러분과 나의 죄를 덮어 주신 하나님의 마지막 희생 제물도 오직 한 분이신 그분의 아들 예수님의 피였다는 사실입니다.

성경이 "피가 죄를 속하느니라"(레 17:11)고 말할 때 "속한다"는 말은 다름아닌 "덮는다"는 뜻입니다. 바로 이 사실 때문에 피흘림이 속죄함을 이루는데 없어서는 안 될 요소라고 나는 분명히 믿는 것입니다. 아담과 하와가 범죄했을 때 그들은 하나님과의 친밀했던 관계를 잃어버렸지만 하나님께서 그때 준비하신 피언약으로 말미암아 그들의 죄가 속죄함을 얻었고 언젠가는 예수님의 피가 그들이 잃어버렸던 하나님과의 교제와 그 기쁨도 다시 회복시켜 주실 것을 선포하고 계신 것입니다.

아담의 때부터 예수 그리스도의 때에 이르기까지 성경은 하나님께서 어떻게 그분의 백성들과 피언약을 맺으셨는지에 관한 설명으로 가득 차 있습니다.

1. 노아의 방주에서 나와서 맨 처음 한 일은 하나님과 피언약을 맺는 일이었습니다.

    노아가 여호와께 제단을 쌓고 모든 정결한 짐승과 모든 정결한 새 중에서 제물을 취하여 번제로 제단에 드렸더니 (창 8:20)

2. 하나님께서 아브라함에게 이렇게 말씀하셨습니다.

> 너희 중 남자는 다 할례[2]를 받으라 이것이 나와 너희와 너희 후손 사이에 지킬 내 언약이니라 (창 17:10)

3. 모세가 하나님으로부터 십계명을 받은 후 백성들을 모아 놓고 어린 소를 잡아서 하나님께 번제와 화목제를 드렸습니다.

> 모세가 그 피를 가지고 백성에게 뿌리며 이르되 이는 여호와께서 이 모든 말씀에 대하여 너희와 세우신 언약의 피니라 (출 24:8)

4. 아브라함이 양과 소를 취하여 아비멜렉과 언약을 맺었고 일곱 암양 새끼를 따로 증거로 삼았습니다(창 21:22-32).

5. 야곱과 그 외삼촌 라반 사이에 맺어진 언약도 야곱이 "산에서 제사를 드리고 난 후에"(창 31:54) 보증되었습니다.

수천 명의 사람들이 나의 아버지와 한나씨가 맺었던 것과 같은 피언약을 맺어왔습니다. 구약시대에 있어서는 남자들 사이에 서로 피를 흘림으로 약속을 파기하거나 새로 계약을 맺는 일은 보통 있는 일이었습니다.

피로 맺은 언약의 이야기가 비단 성경에만 있는 것이 아니고

---

[2] 남자 아이가 태어난지 팔일만에 생식기 끝의 껍질을 끊어내는 의식

인간 역사 속에서도 얼마든지 찾아볼 수 있습니다. 사실 아프리카의 많은 부족들과 아시아, 남미, 그리고 중동 사회에서는 지금도 여전히 행해지고 있는 관습 중의 하나입니다. 이처럼 피로 맺는 언약은 죽을 때까지 지켜야 하며 사업상 동업자로 일할 목적에서부터 시작해서 부족간에는 강한 부족으로부터 서로를 보호할 목적에 이르기까지 그 이유가 다양합니다. 많은 경우에 있어서 이와 같은 언약으로 말미암아 심지어 서로 앙숙이던 관계가 일생 동안 친구의 관계로 변하기도 합니다.

스탠리와 추장

헨리 스탠리는 1870년대의 신문 잡지 기자였습니다. 그는 유명했던 아프리카 선교사인 리빙스턴을 만나기 위해 밀림을 헤매고 있었습니다. 스탠리는 밀림을 여행하면서 위험으로부터 자신을 보호할 목적으로 피로 형제 관계를 맺는 의식이라든지, 또는 끈끈한 친구 관계를 맺는 의식에 여러 번 참여하게 되었습니다. 한번은 서쪽 우냠베지족의 추장인 미람보와 계약을 맺게 되었습니다. 스탠리가 이 추장을 처음 만난 것은 1871년에 그가 처음 리빙스턴을 찾아 나섰다가 미람보의 군대에 의해 그의 원정대가 참패당했을 때였습니다. 스탠리는 싸움에 있어서 발휘되는 이 추장의 지도력을 나폴레옹과 프레드릭 대제에 비유할 만큼 탁월하다고 인정했었습니다.

두 번째 원정기간 동안 스탠리는 미람보를 피할 수 있었으면 하고 바랬지만 미람보의 지도력과 그의 힘에 감동한 나머지 그를 만나기로 작정했습니다. 왜냐하면 스탠리는 미람보와 강력한 친구 관계를 맺고 싶었던 것입니다. 마침내 이들은 만났고 서로 강력한 친구 관계를 맺기로 합의했습니다. 스탠리 원정대의 대장인 만와 세라에게 이 둘 사이에 피로 형제 관계를 맺는 의식을 집행해 줄 것을 요청했습니다. 미람보와 스탠리는 멍석(짚을 엮어서 만든 방석) 위에 서로 마주보고 앉았습니다. 세라는 두 사람의 오른쪽 다리에 상처를 내서 피를 뽑아낸 다음 이 피를 서로 섞고 나서 큰 소리로 외쳤습니다.

"지금 두 사람 사이에 맺어진 형제애를 둘 중 어느 쪽이든 어기는 날에는 사자가 그를 물어뜯을 것이요, 독사가 그를 해칠 것이며, 그의 음식에 쓴맛이 끊이지 않고, 그의 친구들은 그를 버릴 것이며, 그의 총이 그의 손에서 터져 그를 상하게 할 것이며, 모든 악한 일들이 일어나서 죽을 때까지 그를 괴롭게 할지니라."

이 계약이 끝날 무렵 보통 조약의 비준시 그렇게 하듯이 두 사람은 서로 선물을 교환했습니다. 이처럼 신성한 언약에 의해 같은 피가 스탠리와 미람보의 혈관 속을 흐르고 있기에 이들은 서로 종신토록 맺어진 형제요 친구가 된 것입니다.

이 이야기는 하나님을 모르는 이방인들의 의식이며 결코 성경이 가르치는 바가 아닙니다. 그렇다면 이제 하나님께서 그 백성들과 언약을 맺으실 때 피를 어떻게 다루셨는지 성경에서 살펴보기로 하겠습니다.

chapter 4

영원한 언약

나는 성경에 기록된 아담과 하와의 두 아들인 가인과 아벨에 관한 이야기에 항상 매료되어 왔습니다.

> 아담이 그의 아내 하와와 동침하매 하와가 임신하여 가인을 낳고 이르되 내가 여호와로 말미암아 득남하였다 하니라 그가 또 가인의 아우 아벨을 낳았는데 (창 4:1-2)

가인과 아벨은 각각 다른 직업을 선택했습니다.

> 아벨은 양 치는 자였고 가인은 농사하는 자였더라 (창 4:2)

이들이 자기들의 부모인 아담과 하와가 살아왔던 삶의 방식을 배웠을 것이며 또한 어떻게 하나님께 제물을 드려야 하는지 그 원리도 잘 배웠을 것이라고 추측하는 것은 지극히 당연한 것입니다.

> 세월이 지난 후에 가인은 땅의 소산으로 제물을 삼아 여호와께 드렸고 아벨은 자기도 양의 첫 새끼와 그 기름으로 드렸더니 (창 4:3-4)

성경은 여호와께서 아벨과 그 제물은 열납하셨으나 가인과 그 제물은 열납하지 아니하셨다고 기록하고 있습니다. 과연 무엇이 문제였기에 여호와께서 아벨의 제물은 받으시고 가인의 제물은 거절하셨을까요? 그 대답은 히브리서 11장 4절에 잘 기록되어 있습니다.

> 믿음으로 아벨은 가인보다 더 나은 제사를 하나님께 드림으로 의로운 자라 하시는 증거를 얻었으니 하나님이 그 예물에 대하여 증언하심이라 그가 죽었으나 그 믿음으로써 지금도 말하느니라 (히 11:4)

아벨은 오직 믿음으로 피흘림의 제사를 여호와께 드렸던 것입니다. 우리가 알다시피 믿음은 들음에서 나기 때문에 아담과 하와가 두 아들에게 에덴동산에서 일어났었던 일과 그들이 그곳에서 경험했던 일들을 들려 주었을 것이고 따라서 두 아들은 피흘림의 효력을 알고 있었으리라고 가정할 수 있는 것입니다.

어떻게 아벨이 피흘림의 제사를 여호와께 드려야 하는지 알 수 있었을까요? 아담과 하와가 두 아들에게 하나님께서 원하시는 제사가 무엇인지 분명히 가르쳤으리라고 나는 믿습니다. 하나님께서 첫 인류인 아담과 하와가 범죄했을 때 그들의 죄를 속하기 위해 짐승을 잡고 아직도 피에 젖어있을 그 짐승의 가죽으로 옷을 해 입히시며 피언약의 중요성을 깨닫게 해 주셨으리라고 나는 확신하는 것입니다. 이것은 또한 장차 예수 그리스도의 피로 말미암아 이루어질 구속의 예표였던 것입니다. 그러기에 하와는 그 아들 중 누가 뱀의 머리를 상하게 할 것인지도 알 수 있었을 것입니다.

하나님께서 가인에게 "네가 분하여 함은 어찌 됨이며 안색이 변함은 어찌 됨이냐 네가 선(옳은 것:역자 주)을 행하면 어찌 낯을 들지 못하겠느냐?"(창 4:6-7)고 물으신 것을 보면, 두 아들 모두가 하나님께서 피언약을 요구하고 계심을 알고 있었음이 분명합니다.

가인은 무엇이 옳은지 알고 있었음에도 불구하고 도리어 땅의 소산인 식물을 하나님께 드렸고 하나님께서는 이를 거절하셨던 것입니다.

하지만 아벨은 여호와께 순종하여 믿음으로 자기 양 떼의 첫 새끼를 하나님 앞에 제물로 드렸습니다. 하나님을 사랑하고 신뢰하는 마음으로부터 우러나서 아벨은 죄를 속하는 피의 제사를 하나님께 드린 것입니다. 아벨은 진실로 하나님과의 언약의 관계 속으로 들어가기 위해 그의 손을 뻗친 것입니다.

가인도 비록 제물을 드리기는 했지만 그것은 하나님께서 원하시는 것이 아니었습니다. 하나님께서 원하시는 제물을 드리는 것과 단순히 나의 방법대로 하나님께 제물을 드리는 것은 엄청난 차이가 있습니다.

> 여호와께서 번제와 다른 제사를 그의 목소리를 청종하는 것을 좋아하심 같이 좋아하시겠나이까 순종이 제사보다 낫고 (삼상 15:22)

끔찍한 행동

하나님께서 그의 제물을 거절하심에 따른 가인의 반응은 무엇이었습니까?

> 가인이 몹시 분하여 안색이 변하니 여호와께서 가인에게 이르시되 네가 분하여 함은 어찌 됨이며 안색이 변함은 어찌 됨이냐 네가 선을 행하면 어찌 낯을 들지 못하겠느냐 선을 행하지 아니하면 죄가

문에 엎드려 있느니라 죄가 너를 원하나 너는 죄를 다스릴지니라
(창 4:5-7)

이 말씀 속에서 하나님께서는 불순종한 가인에게 다음과 같이 말씀하고 계십니다. "선택은 네 손에 달려있다. 옳고 그른 것을 선택하는 결정은 바로 네 자신이 하는 것이다." 이 말씀은 성경 전체 속에 스며있는 하나님의 메시지입니다.

우리가 하나님께 순종함으로 믿음의 발걸음을 내딛을 때 우리는 죄를 이기는 권세를 소유하게 되는 것입니다. 하지만 가인은 하나님의 경고를 무시한 채 생각할 수조차 없는 끔찍한 죄를 짓고 말았습니다.

가인이 그의 아우 아벨에게 말하고[3] 그들이 들에 있을 때에 가인이
그의 아우 아벨을 쳐죽이니라 (창 4:8)

성경에 기록된 첫 번째 살인은 섬세한 계략에 의해서 이루어졌습니다. 가인은 자기를 믿었던 아벨을 들로 유인해서 그의 생명을 빼앗고 말았습니다. 이 살인은 또한 영적인 불순종에 의해서 빚어진 것이기도 했습니다. 즉, 가인은 하나님과 피언약의 관계 맺기를 거부하고 오히려 반역한 것입니다.

---

[3] 저자는 이 말씀을 NIV에서 인용했으며 그 내용은 "Now Cain said to his brother Abel, "Let's go out to the field."라고 되어있다. 번역하면 「가인이 그 아우 아벨에게 "우리 함께 들에 나갈까?"」가 된다.

얼마나 대조적입니까? 성경은 다음과 같이 설명하고 있습니다.

> 우리는 서로 사랑할지니 이는 너희가 처음부터 들은 소식이라 가인 같이 하지 말라 그는 악한 자에게 속하여 그 아우를 죽였으니 어떤 이유로 죽였느냐 자기의 행위는 악하고 그의 아우의 행위는 의로움이라 (요일 3:11-12)

이 비극적인 사건이 일어난 직후에 여호와께서 가인에게 물으셨습니다. "네 아우 아벨이 어디 있느냐?" 가인은 대답하기를 "내가 알지 못하나이다. 내가 내 아우를 지키는 자니이까?" (창 4:9)

오클라호마 주 털사에 살고 있는 나의 친구 칼튼 피어슨은 여기에 대해 이렇게 말했습니다.

"만일 당신이 당신의 아우를 지키는 자가 아니라면 결국 당신은 당신의 아우를 죽이는 자나 다름없습니다."

가인의 대답은 철저한 거짓말 그 이상의 것이었습니다. 그것은 무관심의 발언이요 심지어는 경멸의 발언이었던 것입니다. 하나님께서는 다시 한 번 가인에게 물으셨습니다.

> 네가 무엇을 하였느냐 네 아우의 핏소리가 땅에서부터 내게 호소하느니라 (창 4:10)

아벨의 피는 마땅히 행해져야 할 정의를 부르짖었습니다. 하지만 아벨의 피보다 더 나은 것을 부르짖는 예수 그리스도의 피는 그 피로 말미암아 우리 죄의 대가를 치루셨기 때문에 정의가 이미 이루어졌으며, 우리의 죄가 사함을 받았다고 부르짖고 있습니다. 아벨의 피는 원한을 갚아달라고 호소했지만 예수님의 피는 용서와 화해를 위해 호소하고 있는 것입니다. 그리스도인이 된 우리 모두는 아벨의 피보다 더 나은 것 즉 용서와 화해를 부르짖는 피를 뿌리심으로 새 언약의 중보자가 되신 예수님(히 12:24)께 나아온 것입니다.

가인은 그의 죄로 말미암아 하나님의 이와 같은 축복을 맛보지 못하고 오히려 형벌을 받게 되었습니다.

> 땅이 그 입을 벌려 네 손에서부터 네 아우의 피를 받았은즉 네가 땅에서 저주를 받으리니 네가 밭을 갈아도 땅이 다시는 그 효력을 네게 주지 아니할 것이요 너는 땅에서 피하며 유리하는 자가 되리라 (창 4:11-12)

나는 이 글을 읽는 여러분들에게 절대로 성경에 기록된 피의 메시지를 거절하지 말라고 간곡히 당부하고 싶습니다. 왜냐하면 하나님과 맺은 피언약을 거절함으로 모험을 시도한다는 것은 그 형벌이 너무나 중하기 때문입니다. 가인이 받은 형벌은 그 아우를 죽인 것, 그 이상의 대가임을 알아야 합니다. 그것은 그가 하나님의 피언약의 가르침을 불순종한 결과이기도 한 것입니다. 여기에 대해 성경은 만일 우리가 그리스도의 피를 거절하면 우리는 하나님의 성령을 훼방하는 것이라고 분명하게 말하고 있습니다.

> 모세의 법을 폐한 자도 두세 증인으로 말미암아 불쌍히 여김을 받지 못하고 죽었거든 하물며 하나님의 아들을 짓밟고 자기를 거룩하게 한 언약의 피를 부정한 것으로 여기고 은혜의 성령을 욕되게 하는 자가 당연히 받을 형벌은 얼마나 더 무겁겠느냐 너희는 생각하라
> (히 10:28-29)

예수님의 피에 관한 성경의 메시지는 우리가 피하거나 무시하거나 또는 거절할 수 있는 성격의 것이 절대로 아닙니다. 그것은 아직도 우리를 하나님께로 인도해 주는 결정적인 열쇠이기 때문입니다.

언약

구약성경에 기록된 것 중 가장 위대한 피언약은 바로 하나님께서 아브라함과 맺으신 피언약으로 우리는 이것을 아브라함과의 언약이라고 부릅니다.

> 아브람이 구십구 세 때에 여호와께서 아브람에게 나타나서 그에게 이르시되 나는 전능한 하나님이라 너는 내 앞에서 행하여 완전하라 내가 내 언약을 나와 너 사이에 두어 너를 크게 번성하게 하리라 하시니 (창 17:1-2)

"아브람이 엎드렸더니 하나님이 또 그에게 말씀하여 이르시되 보라 내 언약이 너와 함께 있으니 너는 여러 민족의 아버지가 될지라" (창 17:3-4) 하셨으며 그의 택하신 종 아브람이 이제 새 사람이 될 것을 미리 아시고 그의 이름조차 바꾸어 주셨습니다.

> 이제 후로는 네 이름을 아브람이라 하지 아니하고 아브라함이라 하리니 이는 내가 너를 여러 민족의 아버지가 되게 함이니라 (창 17:5)

하나님께서 아브라함에게 새 이름을 주셨고 아브라함은 이제 다른 사람이 되었습니다. 하나님과 맺은 아브라함의 관계 또한 놀랍게 변해서 하나님께서는 이제 아브라함의 하나님이라고까지 불리우게 되었습니다. 하나님과 맺은 피언약이 아브라함의 삶을 완전히 변화시킨 것입니다. 그러고 나서 하나님께서 아브라함에게 말씀하셨습니다.

> 내가 너로 심히 번성하게 하리니 내가 네게서 민족들이 나게 하며 왕들이 네게로부터 나오리라 내가 내 언약을 나와 너 및 네 대대 후

> 손 사이에 세워서 영원한 언약을 삼고 너와 네 후손의 하나님이 되
> 리라 (창 17:6-7)

또한 하나님께서 아브라함과 그 후손들에게 그들이 하나님과의 언약을 지키면 가나안 땅을 그들의 영원한 소유로 주실 것을 약속하셨습니다. 무엇보다도 가장 중요한 것은 이 언약이 피를 흘림으로 그 증표를 삼았다고 하는 사실입니다.

> 너희 중 남자는 다 할례를 받으라 이것이 나와 너희와 너희 후손 사
> 이에 지킬 내 언약이니라 너희는 포피를 베어라 이것이 나와 너희
> 사이의 언약의 표징이니라 (창 17:10-11)

하나님께서 아브라함과 언약을 맺으셨다는 증거가 무엇이었습니까? 바로 할례였습니다. 따라서 모든 사내아이는 난지 팔일 만에 이 의식을 행해야만 했던 것입니다. 이렇게 함으로 그들은 하나님과의 언약 속으로 들어갈 수 있었을 뿐만 아니라 그 결과로 아브라함과 맺으신 하나님의 축복의 약속에 또한 함께 참여하게 되는 것이었습니다.

하나님께서는 이 언약을 참으로 소중히 여기셔서 아브라함이 그토록 나이들었음에도 불구하고 그에게 아들을 허락하셨습니다. 그의 아내 사라는 90세나 되었는데도 잉태하여 아이를 낳게 되었고 그들은 이 아이를 이삭이라 이름지었습니다.

마지막 시험

이삭이 태어난 후에 하나님께서는 아브라함이 과연 그분과 맺은 언약과 그 약속을 신뢰하는지 그래서 참으로 열국의 아비가 될 만한 그릇으로 삼을 수 있을 것인지를 시험하시기로 작정하셨습니다.

> 그 일 후에 하나님이 아브라함을 시험하시려고 그를 부르시되 아브라함아 하시니 그가 이르되 내가 여기 있나이다 여호와께서 이르시되 네 아들 네 사랑하는 독자 이삭을 데리고 모리아 땅으로 가서 내가 네게 일러 준 한 산 거기서 그를 번제로 드리라 (창 22:1-2)

하나님께서는 아브라함에게 최후의 시험을 허락하셨습니다. 사탄은 우리가 넘어져서 죄악에 빠지게 할 목적으로 우리를 시험합니다. 하지만 하나님께서는 우리의 헌신을 더욱 강화시키고 견고하게 할 목적으로 우리를 시험하십니다. 그 차이점은 하나님은 우리를 시험하시지만 사탄은 우리를 유혹한다는 사실입니다.

의심할 여지없이 아브라함은 하나님께 향한 그의 진심을 드러내야 만할 상황에 직면했습니다. 아브라함이 누구를 더 사랑했습니까? 이삭이었습니까? 아니면, 하나님이었습니까? 그 아들 이삭은 하나님께서 기적의 선물로 주시지 않으셨습니까? 아브라함이 선물을 주신 하나님보다 그 선물 자체를 더 사랑했을까요? 성경은 이렇게 기록하고 있습니다.

> 아브라함이 아침에 일찍이 일어나 나귀에 안장을 지우고 두 종과 그의 아들 이삭을 데리고 번제에 쓸 나무를 쪼개어 가지고 떠나 하나님이 자기에게 일러 주신 곳으로 가더니 제삼일에 아브라함이 눈을 들어 그 곳을 멀리 바라본지라 이에 아브라함이 종들에게 이르되 너희는 나귀와 함께 여기서 기다리라 내가 아이와 함께 저기 가서 예배하고 우리가 너희에게로 돌아오리라 하고 (창 22:3-5)

어떻게 아브라함은 "내가 아이와 함께 저기 가서 예배하고 우리가 너희에게로 돌아오리라"(창 22:5)고 고백할 수 있었을까요? 그 이유는 오직 아브라함이 "이삭에게서 나는 자라야 네 씨라 부를 것임이니라"(창 21:12)고 말씀하신 하나님을 온전히 믿었기 때문입니다. 다시 말하자면 아브라함은 하나님께서 능히 죽은 자 가운데서라도 이삭을 다시 살리실 줄로 믿었다는 것입니다(히 11:19).

모리아 땅에 있는 한 산 위에서 무슨 일이 일어났는지 전혀 알 수 없는 상황에 처해 있던 아브라함에게 이것은 실로 위대한 믿음의 고백이 아닐 수 없었습니다. 네 자녀를 둔 아버지로서 성경의 이 대목, 곧 아브라함과 그 아들 이삭의 대화를 읽을 때마다 내 마음은 벅찬 감동을 느낍니다.

> 아브라함이 이에 번제 나무를 가져다가 그의 아들 이삭에게 지우고 자기는 불과 칼을 손에 들고 두 사람이 동행하더니 이삭이 그 아버지 아브라함에게 말하여 이르되 내 아버지여 하니 그가 이르되 내 아들아 내가 여기 있노라 이삭이 이르되 불과 나무는 있거니와 번제할 어린 양은 어디 있나이까 아브라함이 이르되 내 아들아 번제할 어린 양은 하나님이 자기를 위하여 친히 준비하시리라 하고 두 사람이 함께 나아가서 (창 22:6-8)

아브라함과 그 아들 이삭이 하나님께서 지시하신 곳에 이르렀을 때 아브라함은 그곳에 단을 쌓고 그 위에 나무를 가지런히 올려놓았습니다. 이삭 또한 믿음이 충만한 자이었음에 틀림없습니다. 왜냐하면 아브라함이 그를 결박하여 단 나무 위에 올려놓을 때 이삭이 조금이라도 저항했다는 말이 성경에는 전혀 언급되어 있지 않기 때문입니다(창 22:9). 나는 오직 아브라함이 손을 내밀어 칼을 쥐고 그 아들을 잡으려고 했을 때(창 22:10) 아브라함과 그 아들 이삭이 느꼈을 감정을 상상해 볼 수 있을 뿐입니다.

> 여호와의 사자가 하늘에서부터 그를 불러 이르시되 아브라함아 아브라함아 하시는지라 아브라함이 이르되 내가 여기 있나이다 하매 사자가 이르시되 그 아이에게 네 손을 대지 말라 그에게 아무 일도 하지 말라 네가 네 아들 네 독자까지도 내게 아끼지 아니하였으니

> 내가 이제야 네가 하나님을 경외하는 줄을 아노라 (창 22:11-12)

아브라함은 하나님께서 주신 선물보다 선물을 주신 하나님을 선택함으로 최종 시험을 통과했습니다. 그렇지만 피흘림의 제사는 여전히 드려져야 했습니다.

> 아브라함이 눈을 들어 살펴본즉 한 숫양이 뒤에 있는데 뿔이 수풀에 걸려 있는지라 아브라함이 가서 그 숫양을 가져다가 아들을 대신하여 번제로 드렸더라 (창 22:13)

우리가 하나님을 온전히 믿는 믿음을 순종함으로 나타내 보일 때 하나님께서는 우리의 필요를 채우시겠다고 약속하실 뿐 아니라 실제로 채워주시는 것을 볼 수 있습니다.

> 여호와의 사자가 하늘에서부터 두 번째 아브라함을 불러 이르시되 여호와께서 이르시기를 내가 나를 가리켜 맹세하노니 네가 이같이 행하여 네 아들 네 독자도 아끼지 아니하였은즉 내가 네게 큰 복을 주고 네 씨가 크게 번성하여 하늘의 별과 같고 바닷가의 모래와 같게 하리니 네 씨가 그 대적의 성문을 차지하리라 (창 22:15-17)

아브라함의 믿음과 순종 때문에 하나님께서는 그를 열국의 아비로 삼으시겠다고 하신 그 약속을 성취하여 주셨습니다.

출애굽

수년 전 내가 피언약에 관해서 공부하는 동안 하나님께서는 나에게 정말 흥분되는 사실을 보여주셨습니다. 그것은 하나님께서 이스라엘 백성을 애굽에서부터 불러내신 이유가 다름아닌 아브라함과의 언약 때문이었다는 사실이었습니다.

> 여러 해 후에 애굽 왕은 죽었고 이스라엘 자손은 고된 노동으로 말미암아 탄식하며 부르짖으니 그 고된 노동으로 말미암아 부르짖는 소리가 하나님께 상달된지라 하나님이 그들의 고통 소리를 들으시고 하나님이 아브라함과 이삭과 야곱에게 세운 그의 언약을 기억하사 (출 2:23-24)

모세도 이스라엘의 출애굽을 인도하기 전에 먼저 하나님께서는 그분과의 언약을 어기는 자를 벌하신다고 하는 사실을 배웠습니다. 분명 모세는 그 두 아들 중 한 아들에게 할례를 행하지 않았고 이 때문에 그의 장인의 집을 떠나 다시 애굽으로 돌아가는 도중 "숙소에 있을 때에 여호와께서 그를 만나사 그를 죽이려 하신지라" (출 4:24) 결과를 초래했습니다.

성경에는 하나님께서 모세를 죽이려 했는지 아니면 그 아들을 죽이려 했는지 정확하게 나타나 있지 않지만 모세의 아내 십보라는 왜 하나님께서 진노하셨는지 명백히 알고 있었습니다.

그래서 십보라는 "돌칼을 가져다가 그의 아들의 포피를 베어 그의 발에 갖다 대며 이르되 당신은 참으로 내게 피 남편이로다 하니 여호와께서 그를 놓아"(출 4:25-26)주신 것을 볼 수 있습니다.

이것은 위대한 지도자로서 결코 잊어서는 안 될 하나의 교훈이었습니다. 즉 하나님께서는 그분과의 언약을 저버리는 자는 절대로 용납하시지 않는다는 것입니다.

모세가 이스라엘 백성들을 광야로 인도할 때에도 이 언약은 수 많은 이스라엘 백성들을 하나로 결합시켜 주는 역할을 감당해 냈습니다. 십계명도 단순히 그것을 지키며 살도록 만들어진 규범 그 이상의 의미가 담겨져 있었습니다. 그것은 곧 언약에 의해서 만들어진 하나님의 법으로 인정되었던 것입니다.

모세가 시내산으로부터 자기를 기다리는 거의 이백만이 넘는 이스라엘 백성들에게 내려왔을 때 과연 그 백성들의 반응이 어떠했을지 한 번 상상해 보십시오. 모세가 여호와의 모든 말씀과 그 모든 율례를 백성에게 고하자 "그들이 한 소리로 응답하여 이르되 여호와께서 말씀하신 모든 것을 우리가 준행하리이다"(출 24:3)라고 대답했습니다. 이것은 하나님과 그 백성 이스라엘 사이에 하나의 새로운 피언약을 이루는데 대단히 중요한 단계였던 것입니다. 다음 날 아침 일찍 모세는 산 아래에 단을 쌓았습니다.

이스라엘 자손의 청년들을 보내어 여호와께 소로 번제와 화목제를

> 드리게 하고 모세가 피를 가지고 반은 여러 양푼에 담고 반은 제단
> 에 뿌리고 언약서를 가져다가 백성에게 낭독하여 듣게 하니 그들이
> 이르되 여호와의 모든 말씀을 우리가 준행하리이다 (출 24:5-7)

그러고 나서 모세는 수많은 백성들 앞에 서서 그 피를 취하여 백성에게 뿌리면서 "이는 여호와께서 이 모든 말씀에 대하여 너희와 세우신 언약의 피니라"(출 24:8)고 선포했습니다. 심지어는 이 언약이 기록된 언약서까지도 신성시 되었습니다. 히브리서 기자는 "모세가 율법대로 모든 계명을 온 백성에게 말한 후에 송아지와 염소의 피 및 물과 붉은 양털과 우슬초를 취하여 그 두루마리와 온 백성에게 뿌리며"(히 9:19)라고 기록하고 있습니다.

우리가 하나님과의 언약을 소중히 여길 때 하나님께서도 우리를 소중히 여기십니다. 이 진리는 이스라엘 백성들이 광야에서 방황했던 이야기를 통해서도 명백하게 입증되고 있습니다.

> 너도 알지 못하며 네 조상들도 알지 못하던 만나를 네게 먹이신 것
> 은 사람이 떡으로만 사는 것이 아니요 여호와의 입에서 나오는 모든
> 말씀으로 사는 줄을 네가 알게 하려 하심이니라 이 사십 년 동안에
> 네 의복이 해어지지 아니하였고 네 발이 부르트지 아니하였느니라
> (신 8:3-4)

왜 하나님께서 이스라엘 백성들을 보호하시고 그 필요를 채워 주셨을까요? 그들은 바로 하나님과 언약을 맺은 백성들이었기 때문입니다. 그러면 다음 장에서 어떻게 예수님의 피가 오늘날 사탄으로부터 우리를 보호해 주는지 살펴보도록 하겠습니다.

chapter 5

보호의 약속

1975년 그러니까 내가 복음을 전하기 시작한지 한 일 년쯤 되어서 집회를 인도해 달라는 부탁을 받고 플로리다 주 동쪽 바닷가로 내려갈 기회가 있었습니다. 한번은 그때 당시 플로리다 주 인디언 항구 바닷가에 위치하고 있던 내 친구 존 아넛의 집에서 모임을 가진 적이 있었습니다. 이 친구는 지금 캐나다 토론토에 있는 포도원 교회(Vineyard Christian Fellowship)의 담임목사로 시무 중입니다.

설교를 마치면서 나는 기도받기 원하는 사람들을 앞으로 초청했습니다. 그러자 어떤 아주머니가 십대로 보이는 자기 딸을 데리고 와서 그 딸을 위해서 기도해 달라고 부탁했습니다. 기도를 막 시작하자마자 내가 이해할 수 없는 일을 하라는 주님의 음성이 너무도 분명히 내게 들려왔습니다. 주님께서는 "그녀가 손가락에 끼고 있는 반지를 빼라."고 말씀하셨습니다.

당황한 나는 '이 반지가 그녀를 위해 기도하는 것과 도대체 무슨 상관이 있기에 그러실까?'라고 생각했습니다. 순간 주님께서는 한 번 더 강하게 명령하셨습니다. "그녀의 손가락에서 반지를 빼라." 그러자 나는 '이 음성이 정말 하나님께로부터 온 것인가?'라는 의심까지 하기 시작했습니다. 내가 그녀의 얼굴을 바라보았을 때 나는 그녀의 영혼이 깊은 속박에 묶여 있음을 알 수 있었습니다. 하나님께서는 또다시 동일하게 말씀하셨고 마침내 나는 손을 내밀어 그녀의 손을 잡고 물었습니다.

"이것이 무슨 반지인가요?"

그리고는 그녀의 손가락에 끼어있는 은색 반지를 더 자세히 보기 위해 그녀의 손을 들어 올렸습니다. 그 반지에는 조그마한 뱀의 형상이 새겨져 있었는데 머리는 들어올리고 몸통은 그 반지의 둘레를 칭칭 감고 있었습니다. 내가 다시 그녀의 얼굴을 바라보자 그녀도 마치 '이것과 무슨 상관이 있느냐? 그저 기도나 해 주지.'라는 듯이 당황스런 표정을 지었습니다. 사실은 그녀보다 내가 더 당황했었습니다. 내가 아는 것이라고는 하나님께서 반지를 빼라고 말씀하신 것 뿐이었기 때문입니다.

지금도 나는 이 별난 사건을 생생하게 기억해 낼 수 있습니다. 나는 내 엄지와 다른 두 손가락을 사용해서 그녀의 손가락에서 반지를 빼내려고 했습니다. 보기에는 느슨한 반지였는데도 왠지 잘 움직이질 않았습니다. 계속해서 잡아 당기자 그녀는 비명을 지르기 시작했고 그 소리는 공포를 느끼게 할 만큼 크고 날카로웠으며 그녀의 온 몸의 근육은 뒤틀리기 시작했습니다.

바로 그때 그녀의 목에서 한 추한 소리가 그녀의 입을 통해 흘러나오기 시작했습니다. 그런데 그 소리는 나를 뼛속까지 오싹하게 만들었습니다.

"이 여자를 놔라. 이 여자는 내 것이야!"

그 소리를 듣는 순간 나는 하나님께서 내게 옳은 일을 지시하셨다는 것을 알게 되었습니다. 내가 사탄의 권세와 싸우고 있다는 것을 깨닫게 되자 내 안에서는 거룩한 분노가 치밀어 오르기 시작했습니다.

나는 계속해서 반지를 빼내려고 했습니다. 이것을 지켜보던 어떤 두 남자가 나의 어깨를 붙잡아 주었습니다. 약 15분에서 20분가량 계속되었던 이 싸움은 두려운 싸움이기는 했지만 꼭 필요한 싸움이었습니다. 그녀의 비명소리를 들으며 나는 마침내 "예수님의 보혈을 적용하노라."고 외쳤습니다.

순간 반지가 손가락에서 빠져 나왔고 그녀의 굳었던 몸이 풀리기 시작하면서 날카로웠던 비명소리는 안도의 한숨으로 바뀌었습니다. 그녀는 완전한 자유함을 얻었고 예수 그리스도를 마음 속에 영접하게 되었습니다. 예수 그리스도의 보혈의 능력은 우리가 어둠의 권세와 맺은 그 어떤 언약도 능히 파기한다는 사실을 믿었기 때문에 나는 그렇게 기도할 수 있었습니다.

어떤 사람은 나에게 "그러면 그녀의 상태와 그 반지가 무슨 관련이라도 있었다고 믿느냐?"라고 물을지 모르겠습니다. 나의 대답은 "그렇다."입니다. 왜냐하면 그 반지가 하나님께 반역함을 상징으로 나타내었기 때문입니다. 분명 그것은 어둠의 권세와 결탁했다는 상징이라고 나는 믿는 것입니다. 이스라엘 백성이 당했던 비참한 패배 중 한 이야기가 하나님께 불순종함으로 우리가 어떤 물건을 취하는 것이 얼마나 위험한지 이해하는데 내게 도움을 주었기에 여기에 소개하고자 합니다.

제거하라

이스라엘이 여리고를 함락시키고 승리를 거두는 과정에서 하나님께서는 여호수아에게 약탈한 물건 중 아무것도 취하지 말도록 그의 군사들에게 당부할 것을 말씀하셨습니다. 하나님께서는 "너희가 이스라엘 진영으로 바치는 것이 되게 하여 고통을 당하게 되지 아니하도록 오직 너희는 그 바친 물건에 손대지 말라"(수 6:18)고 말씀하심으로 이스라엘 군대에게 여리고의 물건을 취하는 것을 금하셨습니다.

다음 전쟁터인 아이 성에서 여호수아의 군대는 참패를 당하고 말았습니다. 여호수아는 그의 옷을 찢으며 여호와께 그 이유를 물었을 때 여호와께서 여호수아에게 이렇게 말씀하셨습니다.

> 이스라엘이 범죄하여 내가 그들에게 명령한 나의 언약을 어겼으며 또한 그들이 온전히 바친 물건을 가져가고 도둑질하며 속이고 그것을 그들의 물건들 가운데에 두었느니라 (수 7:11)

범죄한 사람은 유다 족속 중에 아간이라는 병사였습니다.

> 아간이 여호수아에게 대답하여 이르되 참으로 나는 이스라엘의 하나님 여호와께 범죄하여 이러이러하게 행하였나이다 내가 노략한 물건 중에 시날 산의 아름다운 외투 한 벌과 은 이백 세겔과 그 무게가 오십 세겔 되는 금덩이 하나를 보고 탐내어 가졌나이다 보소서 이제 그 물건들을 내 장막 가운데 땅 속에 감추었는데 은은 그 밑에 있나이다 (수 7:20-21)

이스라엘 위에 임했던 진노가 그치고 언약이 다시 회복된 것은 바로 아간과 그 가족 그리고 그가 훔친 물건들이 진멸당한 후였으며 그 후에야 여호수아와 그 군대는 아이 성을 탈취할 수 있었습니다 (수 7:25, 8:1-28).

하나님의 메시지는 분명합니다. 여러분들도 아무 물건이나 집에 들여오지 않도록 유의하길 바랍니다. 어떤 것은 묶임을 가지고 들어오기 때문입니다. 아간에게는 시날 산의 외투가 그랬고, 집회에서 만났던 십대 소녀에게는 사탄을 숭배하는 반지가 그랬습니다.

만일 우리가 무엇인가 하나님의 명령에 거슬리는 것을 소유하게 될 때 하나님의 보호하심은 우리에게서 떠나고 맙니다. 여호수아 7장 10-12절의 말씀은 우리 가정 안에 저주받은 물건은 그 어떤 것도 두어서는 안 된다는 것을 명백하게 지적하고 있습니다.

> 그 온전히 바친 물건을 너희 중에서 멸하지 아니하면 내가 다시는 너희와 함께 있지 아니하리라 (수 7:12)

여러분이 필리핀이나 아프리카 같은 나라들을 여행해 보면 사탄숭배와 관련된 물건들의 위력을 여러분의 눈으로 직접 확인할 수 있을 것입니다. 물론 미국 땅에서도 사람들이 점성술을 본다든지, 심령술 치료를 받는다든지, 손금을 읽게 한다든지, 악령과 관련된 TV프로그램이나 영화를 본다든지 할 때마다 그들은 그들 자신을 사탄의 권세에 노출시키고 있다고 나는 믿습니다. 왜냐하면 이러한 것들이 귀신이 역사하도록 문을 열어주기 때문입니다. 여러분들은 항상 성경 말씀을 읽고 성령님의 음성에 귀를 기울임으로 이러한 것들을 피하도록 강력히 충고하는 바입니다. 만일 여러분이 무엇인가 하나님께서 묵인하실 수 없는 것을 소유하고 있다면 지금 즉시 그것을 제거해야 합니다.

재앙으로부터의 보호

애굽 땅에서 있었던 재앙을 통해 하나님께서 그분과 피언약을 맺은 자들을 어떻게 보호해 주시는지 우리는 알 수 있습니다. 이스라엘 백성들이 애굽에서 종살이를 하고 있을 때 그들은 여호와께 해방을 부르짖었습니다. 하나님께서는 모세를 세우시고 그를 바로 앞에 보내어 "히브리 사람의 하나님 여호와께서 나를 왕에게 보내어 이르시되 내 백성을 보내라 하였나이다"(출 7:16)고 말하게 했습니다.

하지만 바로는 이를 거절했습니다. 그날 하나님께서는 나일 강을 피로 변하게 하셨음(출 7:20)에도 여전히 바로는 듣지 않았습니다. 이에 하나님께서는 개구리, 이, 파리, 가축들의 심한 악질, 독종, 우박, 메뚜기, 흑암의 재앙을 내리셨습니다.

마침내 하나님께서는 마지막 한 가지 재앙에 관해서 바로에게 상고할 것을 모세에게 말씀하셨습니다.

> 밤중에 내가 애굽 가운데로 들어가리니 애굽 땅에 있는 모든 처음 난 것은 왕위에 앉아 있는 바로의 장자로부터 맷돌 뒤에 있는 몸종의 장자와 모든 가축의 처음 난 것까지 죽으리니 (출 11:4-5)

역시 바로는 거절했고 하나님께서는 모세에게 이스라엘 백성들을 구원할 때가 왔음을 알려주셨습니다. 이것은 이스라엘 백성들에게 너무나 중요한 사건이었기에 그들은 그들의 달력조차 바꿔야 했습니다. "이 달을 너희에게 달의 시작 곧 해의 첫 달이 되게 하고"(출 12:2)라고 여호와께서 모세와 아론에게 말씀하셨습니다. 거의 황폐해 버린 애굽 땅을 떠나게 될 이스라엘 백성들에게 하나님께서는 "이것이 너희의 시작이다."라고 말씀하셨습니다.

여호와께서 모세에게 어떻게 하면 이스라엘 백성들이 그들의 장자가 죽게 됨을 면할 수 있을 것인지 가르쳐 주셨습니다. 매 가족마다 다음 일곱 가지 지시를 따라야만 했습니다.

1. 흠 없고 일 년 된 수컷 양이나 염소를 취할 것(출 12:3-5).
2. 어린 양에 대하여 식구가 너무 적으면 그 집의 이웃과 함께 취할 것(출 12:4).
3. 양을 잡기 전에 그 달 14일까지 간직할 것(출 12:6).
4. 집안의 가장이 그 달 14일째 되는 날 해질 때에 그 양을 잡을 것(출 12:6).
5. 그 양의 피를 집 좌우 문설주와 인방에 바를 것(출 12:7).
6. 그 밤에 그 고기를 불에 구워 무교병과 쓴 나물과 아울러 먹을 것(출 12:8).

7. 먹을 때에 허리에 띠를 띠고 발에 신을 신고 손에 지팡이를 잡고 급히 먹을 것(출 12:11).

하나님께서 이스라엘 백성들에게 이 유월절을 준비하도록 명하셨는데 그 이유는 하나님께서 친히 그 땅을 지나가시려고 했기 때문입니다.

> 내가 그 밤에 애굽 땅에 두루 다니며 사람이나 짐승을 막론하고 애굽 땅에 있는 모든 처음 난 것을 다 치고 애굽의 모든 신을 내가 심판하리라 나는 여호와라 (출 12:12)

그리고 나서 여호와께서 다음과 같은 약속을 주셨습니다.

> 내가 애굽 땅을 칠 때에 그 피가 너희가 사는 집에 있어서 너희를 위하여 표적이 될지라 내가 피를 볼 때에 너희를 넘어가니 재앙이 너희에게 내려 멸하지 아니하리라 (출 12:13)

유월절 그날 밤 애굽 땅에 모든 처음 난 것은 다 죽었고 동이 트기도 전에 통곡소리가 온 애굽 땅을 뒤덮었습니다(출 12:29-30). 하지만 이스라엘 백성의 집에는 죽은 자가 하나도 없었습니다.

이 첫 유월절은 장차 갈보리 산상에서 예수 그리스도에 의해 이루어질 실체에 대한 그림자였습니다. 갈보리 산 위에서 우리의 유월절 양 곧 그리스도께서 우리를 위해 희생이 되셨기 때문입니다(고전 5:7). 바로 그곳에서 오직 흠 없고 점 없는 어린 양 같은 그리스도의 보배로운 피로 우리가 구속함을 받은 것입니다(벧전 1:19).

여러분 가정을 위한 도움

왜 하나님께서 이스라엘 백성들에게 매 가정마다 한 마리씩의 양을 준비(출 12:3)하도록 하셨을까요? 그것은 하나님과 맺은 언약의 축복이 가족 전체를 구원에 이르도록 하기 때문이었습니다.

여러분은 하나님께서 노아에게 하신 말씀을 기억하고 있습니까?

> 여호와께서 노아에게 이르시되 너와 네 온 집은 방주로 들어가라 이 세대에서 네가 내 앞에 의로움을 내가 보았음이니라 (창 7:1)

오직 노아만이 하나님 앞에서 의롭다함을 입었으나 바로 노아의 의로움 때문에 하나님께서는 노아의 전 가족을 구원하시겠다고 말씀하셨지 않습니까?

또한 창세기 19장 29절에는 하나님께서 아브라함과 맺으신 언약 때문에 롯을 소돔으로부터 건져내신 것을 볼 수 있습니다. 성경 말씀에는 "하나님이 아브라함을 생각하사 롯을 그 엎으시는 중에서 내보내셨더라"(창 19:29)고 기록하고 있습니다.

수세기가 지난 후 빌립보 감옥 간수가 바울과 실라에게 "선생들이여 내가 어떻게 하여야 구원을 받으리이까"(행 16:30)하고 물었을 때 바울과 실라는 "주 예수를 믿으라 그리하면 너와 네 집이 구원을 받으리라"(행 16:31)고 대답했습니다.

가족 중에 한 사람이 예수님을 믿게 되면 하나님께서는 그 가족 전체에 특별한 은혜와 보호를 허락해 주신다고 나는 믿고 있습니다(고전 7:14 참조). 그러면 이것이 나의 개인적인 삶 가운데 어떻게 이루어졌는지 여러분에게 말씀드리고자 합니다.

chapter 6

적용된 보혈

그때는 몰랐지만 지금 돌아보면 내가 어렸을 때 이스라엘에 살던 우리 가족들은 하나님을 기쁘시게 하기는커녕 오히려 사탄이 좋아할 일들을 많이 했던 것 같습니다. 그 가운데 우리가 '불 위로 지나가기'라고 부르며 지키던 의식이 아직도 생각납니다. 이것은 그릇에 조그맣게 불을 피운 다음 그 위에 향을 올려놓고 그 위로 우리 집안 형제들이 모두 지나가는 것이었습니다. 우리는 이렇게 함으로 악을 내쫓는다고 배웠습니다.

내가 그리스도인이 된 후에도 부모님께서는 이런 일들을 계속하셨습니다. 그런데 이런 일들에 대해서 유일하게 나만이 반대하는 입장이었습니다. 점쟁이가 정기적으로 우리 집을 찾아와서 어머니의 손금을 봐 주곤 했습니다. 토론토에 살 때는 빅토리아라고 하는 여자가 종종 어머니의 커피잔을 면밀하게 살펴봐 주기도 했습니다.

대부분의 이스라엘 사람들은 조그마한 컵에 진하게 커피를 타서 마십니다. 커피를 다 마시고 나면 커피잔 바닥에 일부 커피가루가 남게 되는데 이때 커피잔을 뒤집어 엎으면 이 가루가 일련의 모양을 형성하게 됩니다. 빅토리아라는 여자는 이 모양을 해석해서 장차 무슨 일이 일어날 것인지 예언하는데 전문가로 알려져 있었고 바로 이 일을 위해 우리 집에 들르곤 했던 것입니다. 나는 그런 식의 행위가 위험하다고 가족들에게 경고해 봤지만 그들은 나를 비웃을 뿐이었습니다.

그러던 어느 날 밤, 내가 예수님을 믿은지 2년이 좀 지나서, 교회에 갔다 집에 돌아왔는데 이상하게도 뭔가 억눌리는 느낌이 집안에서 느껴졌습니다.

잠자리에 막 들었을 때 아래층에서 냉장고 문이 쾅하고 닫히는 소리, 접시가 깨지는 소리, 소름끼치는 웃음 소리가 들려왔습니다. 즉시 나는 "주의 보혈로 나를 덮어주시고 보호해 주옵소서."라고 기도드렸습니다. 그러자 뒷문을 통해서 집 밖으로 도망치는 발자국 소리가 들렸고 내가 아래층으로 내려갔을 때는 아무도 없었습니다.

어떤 사람들은 이것을 이해하지 못할는지도 모릅니다. 하지만 귀신의 세력은 실제로 존재하며 성경은 귀신이 어떻게 역사하는지에 대해 많은 것을 가르쳐 주고 있습니다. 마태복음 12장 43-45절의 말씀은 귀신에 관해서 다음과 같은 사실들을 지적해 줍니다.

첫째, 귀신도 피곤해 한다.
둘째, 귀신도 기억력을 가지고 있다.
셋째, 귀신도 지적인 능력을 소유하고 있다.
넷째, 다른 귀신들과 함께 역사하기도 한다.

복음서와 사도행전에 다른 많은 구절들도 귀신이 사실상 존재함을 보여주고 있습니다(눅 4:36, 8:26-37, 행 19:13-16). 하지만 우리가 기억해야 될 것은 예수 그리스도와 그의 능력있는 이름으로 말미암아 우리에게는 귀신을 제어하는 권세가 있다는 사실입니다. 누가복음 10장 19절은 이렇게 말하고 있습니다.

> 내가 너희에게 뱀과 전갈을 밟으며 원수의 모든 능력을 제어할 권능을 주었으니 너희를 해칠 자가 결코 없으리라 (눅 10:19)

또한 사도 요한은 요한일서 4장 4절에 이렇게 기록하고 있습니다.

> 너희 안에 계신 이가 세상에 있는 자보다 크심이라 (요일 4:4)

그와 같은 사건이 있은 후로 나는 가족 전부의 구원을 위해 간절히 기도하기 시작했습니다. 그러던 중 하루는 주님께서 이렇게 말씀하셨습니다. "믿는 자로서 네가 소유하고 있는 권세를 왜 사용하지 않느냐?"

주님께서는 그리스도인으로서 내 안에 사탄을 제어할 권세가 있음을 가르쳐 주셨습니다. 요한계시록 12장 10-11절은 이렇게 기록하고 있습니다.

> 우리 형제들을 참소[4]하던 자 곧 우리 하나님 앞에서 밤낮 참소하던 자가 쫓겨났고 또 우리 형제들이 어린 양의 피와 자기들이 증언하는 말씀으로써 그를 이겼으니 (계 12:10-11)

비로소 나는 사탄에게 내 가족에게서 손을 떼라고 명령하기 시작했습니다. 나중에 안 사실이지만 그와 같은 사건이 있던 날 밤에 하나님께서는 어머니에게 놀라운 꿈을 보여 주셨습니다. 이로 인해 어머니는 점쟁이를 집에 불러들이는 일을 중단하셨던 것입니다. 그리고는 얼마 안 되어 부모님께서는 나의 설교를 들으러 교회에 나오셨습니다. 그날 예배를 마치고 집으로 돌아왔을 때 부모님께서는 나를 기다리고 계셨습니다. 아버지께서

---

4) 남을 헐뜯어서 없는 죄를 있는 듯이 꾸며 고해 바치는 것

는 내게 이렇게 물으셨습니다.

"베니야, 어떻게 하면 네가 아는 예수님을 우리도 알 수 있겠니?"

이렇게 해서 나는 부모님을 예수님께로 인도할 수 있었습니다. 계속해서 나의 형제와 자매 모두가 하나님의 가족으로 다시 태어나는 역사가 있었습니다.

예수님을 믿는 자로서 우리는 사탄에게 우리의 가족과 우리가 사랑하는 사람들에게서 손을 떼고 물러가도록 명령할 필요가 있습니다. 어쩌면 여러분의 가족 중에 아직 예수님을 믿지 않는 사람이 있을지도 모릅니다. 그렇지만 이미 예수님을 믿는 여러분으로 인해 하나님의 특별한 은혜가 여러분의 가정 위에 임하고 있음을 아셔야 합니다. 이 은혜는 우리가 세상에서 경험할 수 있는 그 어떤 것보다 능력있는 것임을 기억하고 절대로 낙심하지 말 것을 부탁합니다.

보호의 울타리

여러분이 여러분의 가족을 예수님의 보혈로 덮어 달라고 하나님께 기도하면 하나님께서는 여러분 가정 둘레에 보호막을 치신다고 나는 믿습니다. 하나님께서는 욥에게 그렇게 하셨음을 볼 수 있습니다.

성경은 욥을 가리켜 "온전하고 정직하여 하나님을 경외하며 악에서 떠난 자"(욥 1:1)라고 했습니다. 하나님께서는 그를 축복하셔서 욥은 "그의 소유물은 양이 칠천 마리요 낙타가 삼천 마리요 소가 오백 겨리요 암나귀가 오백 마리이며 종도 많이 있었으니 이 사람은 동방 사람 중에 가장 훌륭한 자"(욥 1:3)라 일컬음을 받았습니다.

하지만 욥은 자녀들의 잘못된 생활 때문에 늘 걱정하고 있었습니다. 그의 일곱 아들들이 차례로 돌아가며 잔치를 벌여놓고 세 누이를 초대해서 먹고 마시는 일을 일삼았기 때문입니다. 잔칫날이 끝날 때면 욥은 자녀들의 영적인 상태로 인해 심히 고민하여서 다음과 같이 하였다고 성경은 말하고 있습니다.

> 그들을 불러다가 성결하게 하되 아침에 일어나서 그들의 명수대로 번제를 드렸으니 이는 욥이 말하기를 혹시 내 아들들이 죄를 범하여 마음으로 하나님을 욕되게 하였을까 함이라 욥의 행위가 항상 이러하였더라 (욥 1:5)

하루는 천사들이[5] 여호와 앞에 섰고 사탄도 그들 가운데 왔습니다.

여호와께서 사탄에게 이르시되 네가 어디서 왔느냐 사탄이 여호와

---

5) 우리말 성경에는 "하나님의 아들들이"라고 번역되었다.

께 대답하여 이르되 땅을 두루 돌아 여기저기 다녀왔나이다 여호와께서 사탄에게 이르시되 네가 내 종 욥을 주의하여 보았느냐 그와 같이 온전하고 정직하여 하나님을 경외하며 악에서 떠난 자는 세상에 없느니라 사탄이 여호와께 대답하여 이르되 욥이 어찌 까닭 없이 하나님을 경외하리이까 주께서 그와 그의 집과 그의 모든 소유물을 울타리로 두르심 때문이 아니니이까 (욥 1:7-10)

욥은 하나님께서 지시하신대로 번제를 드려서 그 피를 적용했고 또 이 일을 "정기적으로"(욥 1:5)[6] 행했던 것입니다.

여러분은 기도함으로 예수님의 보혈이 여러분의 가족에게 적용될 수 있다고 믿으십니까? 하나님께서는 여러분의 믿음을 소중히 여기십니다. 욥은 번제를 드림으로 그의 가족을 짐승의 피로 덮었지만 신약 성경에 와서는 예수 그리스도께서 직접 희생제물이 되셨고 이 피흘림의 제사는 단 한번에 우리 모두를 위해 드려졌음을 알아야 합니다. 그렇다면 우리가 어떻게 예수님께서 우리를 위해 이루어 놓으신 이 사실을 적용할 수 있을까요?

무엇보다 예수님께서 이미 우리를 위해 피를 흘리심으로 희생제물이 되셨다는 사실을 믿어야 합니다. 우리가 이 사실을 믿어야만 이것을 또한 우리의 기도로 옮길 수 있는 것입니다. 사도 바울은 "내가 믿었으므로 말하였다"(고후 4:13)고 고백하고 있지 않습니까? 그리스도의 보혈의 능력을 적용하는데 무슨 신

---

6) 우리말 성경에는 "항상"으로 번역되었다.

비한 방법이 있는 것이 결코 아닙니다. 이것은 오직 예수님을 믿는 믿음으로만 되는 것입니다.

기도를 통해서 보혈을 적용한다

여러분은 묶임에서 벗어나 날마다 승리하며 자유함으로 살기를 원하십니까? 그 열쇠는 하나님의 말씀에 순종하는 데 있습니다.

첫 번째 유월절에 앞서 여호와께서는 "그 피가 너희가 사는 집에 있어서 너희를 위하여 표적이 될지라"(출 12:13)고 하셨습니다. 여기에서 표적이라는 말은 히브리어로 '증거'라는 뜻입니다. 하나님께서는 표적(증거)이 있는 집을 보호하셨습니다. 즉, 이스라엘 백성들의 집 문에 뿌려졌던 짐승의 피가 하나님의 보호하심을 보증하는 표가 되었던 것입니다. 따라서 예수님의 보혈이 여러분과 여러분 가정에 표적이 될 때 하나님께서는 그 표적을 보시고 여러분과 여러분의 가정을 보호해 주시는 것입니다.

사람들은 내게 "왜 날마다 예수님의 보혈로 덮어 달라고 기도해야 합니까? 괜히 쓸데없는 기도를 반복하는 것은 아닙니까? 이렇게 하는 것은 뭔가 미신적인 것 같지 않습니까? 이것에 너무 얽매여서 그러는 것은 아닙니까?"라고 묻습니다.

나는 기도해야 하기 때문에 의무감에서 기도하지 않습니다. 하나님을 사랑하고 날마다 그분과 얘기하고 싶기 때문에 기도합니다. 또한 날마다 나를 새롭게 채워달라고 성령님께 구합니다. 내가 하나님께 보혈로 덮어 달라고 계속해서 기도하는 것은 얽매임 때문이 아니라 그분과 갖는 친밀한 사귐 때문입니다.

캐더린 쿨만 여사가 말했듯이 "우리는 어제의 영광으로 사는 것도 아니요 내일의 희망으로 사는 것도 아니라 오직 오늘 내게 주어진 하루를 사는 것" 입니다.

여러분들은 보혈로 덮는다는 말이 무슨 뜻인가 하고 궁금해 할지 모르겠습니다. 보혈로 덮는다는 말은 예수님께서 십자가 위에서 우리를 위해 이루어 놓으신 모든 유익 즉, 우리 죄를 용서하시고, 하나님 앞에 나아갈 수 있게 하시며, 우리를 보호하시고, 하나님의 은혜 안에 안전히 거하게 하시며, 구원해 주시고, 화목하게 하시고, 죄를 씻어 주시며, 거룩하게 하시며, 하나님의 임재하심과 그 승리 가운데 거하게 하시는 이 모든 것을 수용한다는 뜻입니다.

날마다 내가 거듭나는 것은 아니지만 나의 몸과 마음을 매일 아침 기도로 하나님께 복종시켜 드리는 것처럼 하나님과 나와의 관계가 오직 나를 위해 흘리신 예수님의 보혈로 맺어진 피언약으로 된 것이기에 날마다 예수님의 보혈로 덮어 달라고 기도하는 것은 하나의 의식이 아니라 나의 삶인 것입니다.

예수님의 보혈은 가만히 있어도 자동적으로 여러분을 덮어 주는 것이 아님을 알아야 합니다. 하나님께서 하늘로부터 그분의 손을 펴서 여러분이 살고 있는 곳에 무슨 표를 해 주시는 것도 아닙니다. 여러분 자신이 직접 그분의 보호하심을 구해야 합니다. 하나님께서 모든 것을 공급하시지만 우리는 믿음의 기도를 통해서 그것들을 내 것으로 누릴 특권과 책임이 있다는 것을 명심하기 바랍니다. 이스라엘 백성들도 집 좌우 문설주와 인방에 양의 피를 발랐다고 성경은 분명히 기록하고 있습니다(출 12:7).

영원히!

우리가 하나님을 알고 또 그분을 믿는데 있어서 하나님의 말씀은 필수적인 것입니다. 그러므로 할 수만 있다면 하나님의 말씀을 최대한 많이 알아야 합니다. 왜냐하면 하나님의 말씀과 예수님의 보혈은 함께 역사하기 때문입니다. 성경이 말하고 보혈은 그것을 행합니다. 마귀는 언제 어디서든지 여러분을 공격하지만 여러분이 보혈을 적용하는 순간 하나님의 능력이 곧 역사하는 것입니다.

목사로서 나는 셀 수 없는 많은 제목들을 가지고 설교해 보았지만 특별히 보혈에 관해서 설교할 때면 매번 다음 세 가지 일들이 예외없이 일어났습니다.

1. 사탄은 모든 방법을 다 동원해서 설교를 준비하지 못하도록 나를 방해했습니다.
2. 마귀는 모임 자체를 방해하는 데 총력을 기울였습니다.
3. 보혈에 관한 메시지를 전하고 나면 특별한 하나님의 임재하심이 있었고 많은 영혼들이 예수 그리스도를 구주로 영접하였습니다.

예수님의 보혈에 관한 주제로 한 번도 설교를 해본 적이 없는 목사님들이 있는 것처럼, 예수님을 믿은 후로 보혈이라는 말 그 자체도 거의 언급해 보지 못한 그리스도인들도 많이 있습니다. 이와 같은 주제는 그들 생각 속에서조차 지워져 버린 것 같습니다.

하지만 하나님께서는 이스라엘 백성들에게 이 유월절을 특별한 절기로 삼아 그들과 그들 자손이 영원히 지킬 것을 명령하셨습니다(출 12:24). "영원히"라는 말은 "영원히"라는 말 그 자체를 의미합니다. 피로 죽음을 면했던 이 유월절은 이스라엘 백성들이 영원히 지켜야 하는 하나님과의 언약이었던 것입니다.

하나님께서는 이스라엘 백성들과 맺으신 피언약에 대해서 한 번도 그 마음을 바꾸신 적이 없습니다. 이스라엘 백성들이 약속된 땅에 들어가는 데 그 기간이 꼭 40년으로 정해진 것은 아니었습니다. 하지만 40년이 지난 후에야 목적지에 도착했고 그럼에도 불구하고 그들은 이 유월절을 지켰습니다. 왜냐하면 그것은 하나님의 명령이었기 때문입니다.

> 너희는 여호와께서 허락하신 대로 너희에게 주시는 땅에 이를 때에 이 예식을 지킬 것이라 (출 12:25)

우리에게는 이스라엘 백성들보다 피언약을 기념해야 할 훨씬 더 큰 이유가 있습니다. 왜냐하면 하나님께서는 양과 염소의 피를 완전한 희생 제물이신 그분의 아들 예수 그리스도의 피로 바꾸셨기 때문입니다. 이스라엘 백성들이 양과 염소의 피에 부여했던 것과 똑같은 의미로 우리도 그리스도의 피로 맺어진 하나님과의 언약을 영원히 기념해야 할 것입니다.

그렇다면 이제 여러분은 예수님의 보혈로 덮어 달라는 기도를 얼마나 자주 드려야 하는지 의문을 가질 것입니다. 나는 개인적으로 기도할 때마다 이 기도를 드립니다. 내 기도중에 "주님, 내 아내 수잔과 나의 자녀들, 제시카, 나타샤, 여호수아, 그리고 엘리사를 주의 보혈로 덮어 주소서."라고 기도하지 않는 날이 하루도 없습니다. 똑같은 기도를 개별적으로 한 사람씩 이름을 불러가며 합니다. 여행 중일 때는 전화로 '주님께로부터 온 것이 아니면 그 어떤 것도 그들의 마음과 생각 속에 들어오지 못하도록' 계속해서 그들과 함께 기도합니다.

어느 날 밤에는 내 어린 딸 나타샤가 기도하는 소리를 문득 엿듣게 되었습니다. 그 애는 내가 살짝 열린 방문틈으로 듣고 있는지 몰랐습니다. "주님, 주님께서는 우리를 위해 피를 흘리셨죠, 이제 기도하오니 우리 모두를 주님의 피로 덮어주세요."

우리 가족 한 사람 한 사람을 위해서 그렇게 기도하는 소리를 듣고 나는 감동되었습니다. 또 한 번은 이렇게 기도하는 것을 들은 적이 있습니다.

"사탄아, 내 말 잘 들어. 내게 손대지 마. 주님의 보혈이 나를 덮고 있으니까. 알았지?"

바로 이 때문에 부모들이 자녀들을 위해서 예수님의 보혈로 덮어 달라고 기도하는 것이 참으로 중요합니다. 자녀들은 이렇게 기도하는 것을 따라서 할 뿐만 아니라 이렇게 기도하는 이유 또한 물을 것입니다. 그러면 부모들은 자녀들에게 하나님께서 행하신 일을 얘기해 줄 수 있는 기회를 갖게 되는 것입니다.

큰 딸 제시카는 이제 "아빠, 왜 그렇게 기도해요?"라고 물을 나이가 되었습니다. 그러면 나는 내 딸에게 유월절 이야기와 왜 예수님께서 우리를 위해 피를 흘리셨는지 설명해 줄 수 있을 것입니다. 짐승의 피가 이스라엘 백성들을 보호할 수 있었다면 예수님의 보혈은 얼마나 더 분명하고 안전하게 우리를 보호할 수 있겠습니까?

그 말 하지마!

1992년 필리핀의 수도 마닐라에서 열린 한 집회에서 말씀을 전했습니다. 하룻밤에는 몹시 괴로워하는 어떤 젊은 남자를 강단 위로 데려왔습니다. 미국에서 집회를 갖는 경우라면 거의 대부분 참모들이 그와 같은 영적인 상태를 감지하고 개별적인 만남을 위해 따로 기다리게 했을 것입니다. 어쨌든 이 젊은 친구가 나에게 가까이 다가오자 나는 바로 이 사람이 귀신들렸음을 알 수 있었습니다.

그의 눈빛은 흐렸고 그의 온 얼굴 표정이 바로 내 앞에서 변하기 시작했습니다. 나에게 더 가까이 올수록 그의 상태는 더 심해졌습니다. 내가 기도하기 시작하자 그는 앞으로 넘어졌습니다. 이런 현상은 아직도 내가 이해하지 못하는 부분입니다. 아무튼 미국 외 다른 나라에서 내가 기도했던 사람들 가운데 뒤로 넘어지는 대신 앞으로 넘어지는 사람들은 대게 귀신과 연관되어 있었습니다.

이 젊은이는 일어나서 다시 나에게 다가오기 시작했습니다. 집회를 돕던 사람들 중 일부가 그를 제지하려고 했지만 그들을 밀어 제치려 했고 내가 그를 꾸짖어도 아랑곳 없이 계속 내게로 다가왔습니다. 마침내 힘센 두 남자가 그를 한 곳에 붙잡아 둘 수 있었지만 그는 여전히 빠져 나오려고 안간힘을 쓰고 있었습니다.

나는 "주님, 저와 제 주변에 있는 모든 사람들을 예수님의 보혈로 덮어 주옵소서."라고 말했습니다. 순간 그는 "그 말 하지 마!"라고 소리 질렀습니다. 내가 또다시 "예수님의 보혈이 당신을 대적한다."라고 말하자 그는 끔찍히 무서운 비명소리를 내며 "그 말 하지마!"라고 외쳤습니다. 매번 내가 예수님의 보혈을 언급할 때마다 그는 난폭한 행동을 보였으나 결국 그는 자유함을 얻게 되었습니다. 이 일을 이루신 하나님께 감사드립니다.

귀신들도 예수님의 보혈의 능력을 알고 있습니다. 그렇다면 우리는 얼마나 더 잘 알아야 하겠습니까? 우리가 하나님께 예수님의 보혈로 덮어 달라고 기도할 때 하나님께서는 우리의 기도를 소중히 여기십니다. 왜냐하면 예수님의 보혈은 예수님의 이름을 증거하며 또한 예수님의 이름에 관한 모든 것을 의미하기 때문입니다. 예수님 안에 놀라운 능력이 있으며 우리는 기도를 통해서 이 능력을 소유하게 됩니다.

능력있는 기도

최근에 우리 교회에 나오는 한 젊은이가 보다 능력있는 기도를 드리고 싶은데 무슨 비결이 없느냐고 물었습니다. 나는 그에게 "예수님께서 '너희가 내 안에 거하고 내 말이 너희 안에 거하면 무엇이든지 원하는 대로 구하라 그리하면 이루리라' (요 15:7)

고 말씀하실 때 이미 대답을 주셨습니다."라고 말했습니다.

"이 말씀을 주의해서 살펴보면 '너희가 내 안에 거하고' 라는 말씀 속에서 우리가 예수님 안에 거하기로 결정하는 것은 우리 자신에게 달려 있으며 또 '내 말이 너희 안에 거하면 무엇이든지……'에서도 예수님의 말씀이 우리 안에 거하도록 선택하는 것도 우리 자신에게 달린 것을 알 수 있습니다. 따라서 당신이 그분 안에 거하기로 결정하고 그분의 말씀이 당신 안에 거하도록 허락했다면 당신은 하나님께 구할 수 있습니다. 이것이 능력 있는 기도의 비결입니다."라고 그에게 대답했습니다.

기도하기만 하면 모든 것들이 가능합니다. 기도에 관해서 가르쳤던 가장 위대했던 선생님들 중 한 분이 알 에이 토레이(R.A.Torrey) 목사님이십니다. 토레이 목사님은 1856년부터 1928년까지 사셨고 12년 동안 시카고에 유명했던 무디 교회의 담임목사님으로도 계셨습니다. 내가 그리스도인이 된 후 처음 수년 동안 나는 이 목사님과 또 위대했던 두 분(디엘 무디와 찰스 피니)의 설교자가 쓴 책들을 읽고 지대한 영향을 받았습니다. 토레이 목사님께서는 그분의 저서 『온전한 능력을 얻는 비결(How to Obtain Fullness of Power)』에서 다음과 같이 말했습니다.

"기도는 하나님께서 할 수 있는 일이면 어떤 것이든지 할 수 있다. 왜냐하면 하나님께서 우리의 기도에 응답하시기

때문이다. 하나님의 무한한 자원이 기도하는 사람의 요구
에 따라서 나오게 되어 있다."

또한 목사님께서는 "우리 기도의 한계는 하나님께서 하실 수 있는 범위까지만이다. 하지만 하나님께는 모든 것이 가능하므로 우리의 기도에도 한계가 없는 것이다."라고 말씀하셨습니다.

한 세기를 변화시켰으며 기도에 관한 책으로 우리에게 널리 알려진 이 엠 바운즈는 이렇게 말했습니다.

"오직 하나님만 산을 움직이실 수 있다. 하지만 믿음의 기
도는 하나님의 마음을 움직인다."

기도는 행동으로 옮기는 믿음이라고 나는 믿습니다. 우리가 기도할 때 하나님께서 소유한 모든 것이 우리의 것이 됩니다. 여러분이 할 수 있는 것은 구하는 것 뿐입니다. 성경은 "너희가 얻지 못함은 구하지 아니하기 때문이요"(약 4:2)라고 말하고 있지 않습니까? 누군가 "하늘 나라에서 가장 큰 자는 하늘의 문을 가장 잘 두드리는 자이다."라고 말하는 것을 들은 적이 있습니다. 그렇습니다. 여러분도 문을 두드려 보십시오. 그러면 이 문이 여러분에게 열릴 것입니다(눅 11:9-10).

예수님의 보혈이 우리의 죄를 씻었고 우리를 하나님의 보좌 앞으로 나아갈 수 있게 했기 때문에 하나님께서는 우리의 기도

를 들으시며 응답하시는 것입니다. 다음 장에서 다루게 되겠지만 나병 환자를 정결하게 하는 것에 관한 레위기의 가르침이 우리가 예수님의 보혈의 능력을 이해하는 데 한층 폭넓은 통찰력을 갖게 해 줄 것입니다.

chapter 7

나병 환자를 정결하게 함

여호와께서 모세에게 모든 규례를 말씀하실 때 나병 환자의 정결하게 되는 날에 관한 규례도 말씀하셨습니다(레 14:2). 데이빗 올소부룩은 그의 저서 『귀중한 피(The Precious Blood)』에서 나병 환자의 정결하게 되는 과정에 대해 설명하면서 우리에게 놀라운 사실들을 가르쳐 주고 있습니다. 이 과정의 상징적인 의미에 대한 그의 깨달음은 이러한 성경 구절들이 오늘날 우리들에게 어떤 특별한 의미를 주고 있는지 깨달을 수 있도록 나에게 영적인 감동을 불러 일으켜 주었습니다.

성경에서 나병이라 함은 여러 가지 종류의 피부병을 함께 일컬어 가리키는 말이며, 이것은 또한 죄를 상징하기도 합니다. 따라서 나병 환자를 정결하게 하는 과정 속에는 장차 인류를 그들의 죄로부터 정결하게 하고자 하는 하나님의 계획이 숨어있는 것입니다.

첫째로, 나병 환자는 제사장 앞에 데려가도록 되어 있었습니다(레 14:2). 제사장은 이 나병 환자를 위해서 쓸 정결한 새 두 마리와 백향목과 홍색 실과 우슬초를 성(도시) 밖에서 가져오게 했습니다(레 14:4).

이 모든 것 하나하나가 우리 죄를 사하시기 위해 예수 그리스도께서 이루어 놓으신 일들을 생각나게 합니다. 제사장이 성 밖으로 나간 것은 예수님께서 예루살렘 성 밖에서 십자가에 달리신 것을 시사하고, 두 마리의 새는 그분의 죽으심과 부활하심을, 백향목은 십자가를, 홍색 실은 그분이 당하신 고초를 각각 의미합니다. 마지막으로 우슬초는 믿음을 상징합니다. 다윗은 시편에서 "우슬초로 나를 정결하게 하소서 내가 정하리이다 나의 죄를 씻어 주소서 내가 눈보다 희리이다"(시 51:7)라고 기도했습니다.

정결하게 하는 예식에 사용되었던 우슬초는 방향성 식물로 대개 마요라나과(박하 종류)에 속하는 식물인 것으로 여겨지고 있습니다. 이 우슬초가 믿음을 상징하는 이유는 이것이 피를 적시어 뿌리는 데 사용되었기 때문입니다.

> 우슬초 묶음을 가져다가 그릇에 담은 피에 적셔서 그 피를 문 인방
> 과 좌우 설주에 뿌리고 (출 12:22)

그 다음에 제사장이 한 일을 그리스도께서 갈보리에서 이루신 일과 비교해 볼 때 실로 놀라운 것입니다.

> 제사장은 또 명령하여 그 새 하나는 흐르는 물 위 질그릇 안에서 잡
> 게 하고 다른 새는 산 채로 가져다가 백향목과 홍색 실과 우슬초와
> 함께 가져다가 흐르는 물 위에서 잡은 새의 피를 찍어 (레 14:5-6)

첫 번째 새를 잡아서 그 피를 물과 함께 질그릇 안에 담았는데 이것은 그리스도께서 장차 질그릇과 같은 인간의 몸을 입고 오셔서 이 몸 안에서 피를 흘리실 것을 말하고 있습니다.

그런 다음 제사장은 남은 살아있는 새를 백향목(그리스도의 십자가)과 홍색 실(그분의 고초)과 우슬초(믿음)와 함께 취하여 죽임당한 새의 피에 담갔습니다. 죽임을 당한 새의 피가 물과 함께 질그릇 안에서 섞인 것은 말씀으로 깨끗이 씻어주는 것을 의미합니다(엡 5:26).

> 이는 곧 물로 씻어 말씀으로 깨끗하게 하사 거룩하게 하시고 (엡
> 5:26)

제사장이 해야 할 마지막 단계는 다음과 같습니다.

> 나병에서 정결함을 받을 자에게 일곱 번 뿌려 정하다 하고 그 살아 있는 새는 들에 놓을지며 (레 14:7)

이 말씀은 곧 우리 죄가 피로 깨끗하게 됨을 말해주고 있으며, 그런 다음 놓인 새에서 그분의 부활을 찾아볼 수 있습니다.

이와 같이 정결하게 하는 의식은 구약이 신약의 그림자임을 보여주는 단지 하나의 예에 불과한 것입니다. 사도 바울은 골로새 교인들에게 "먹고 마시는 것과 절기나 초하루 안식일을 이유로 누구든지 너희를 비판 하지 못하게 하라 이것들은 장래 일의 그림자이나 몸은 그리스도의 것이니라"(골 2:16-17)라고 말했습니다. 히브리서 기자 또한 "율법은 장차 올 좋은 일의 그림자일 뿐이요 참 형상이 아니므로"(히 10:1)라고 기록하고 있습니다.

정결함을 받은 나병 환자는 이제 진영 안으로 들어오는 것이 허락되었습니다(레 14:8). 이것과 마찬가지로 여러분도 그리스도의 피로 정결함을 받은 후에 하나님의 나라에 들어갈 준비가 되는 것입니다.

제사장이 나병 환자에게 피를 일곱 번 뿌린 데는 예언적인 이유가 있다고 나는 믿습니다. 왜냐하면 그리스도께서도 십자가에 달려 돌아가시는 과정에서 일곱 번 피를 흘리셨기 때문입니다.

1. 그분의 땀

예수께서 힘쓰고 애써 더욱 간절히 기도하시니 땀이 땅에 떨어지는 핏방울 같이 되더라 (눅 22:44)

2. 그분의 얼굴

나의 수염을 뽑는 자들에게 나의 뺨을 맡기며 (사 50:6)

3. 그분의 머리

가시관을 엮어 그 머리에 씌우고 갈대를 그 오른손에 들리고 그 앞에서 무릎을 꿇고 희롱하여 이르되 유대인의 왕이여 평안할지어다 하며 그에게 침 뱉고 갈대를 빼앗아 그의 머리를 치더라 (마 27:29-30)

4. 그분의 등

이에 바라바는 그들에게 놓아 주고 예수는 채찍질하고 십자가에 못 박히게 넘겨 주니라 (마 27:26)

5. 그분의 손

개들이 나를 에워쌌으며 악한 무리가 나를 둘러 내 수족을 찔렀나이다 (시 22:16)

6. 그분의 발

내 수족을 찔렀나이다 (시 22:16)

7. 그분의 옆구리

그 중 한 군인이 창으로 옆구리를 찌르니 곧 피와 물이 나오더라 (요 19:34)

정결하게 하는 역사는 계속되고

나병 환자에게 일곱 번 피를 뿌린 다음 그 나병 환자는 어떻게 되었습니까? 그는 이제 진 안으로 들어올 수 있었습니다. 이것은 마치 우리가 예수님의 보혈로 깨끗이 씻음받고 살아계신 하나님의 아들과 딸의 자격으로 그분의 가족이 된 것과 같습니다.

하나님의 기름 부으심을 막고 있던 수문도 예수님의 보혈 때문에 우리들의 삶 가운데 열리게 되며 이 기름 부으심은 오직 성령님을 통해서만 이루어집니다.

이것이 성령님께서 나를 찾아오셨을 때 내가 배웠던 교훈입니다.

chapter 8

성령의 능력으로 변화된다

『안녕하세요 성령님(Good Morning, Holy Spirit)』에서 나누었던 것처럼 성령님께서 내 방을 찾아오셨던 때가 바로 1973년 크리스마스 3일 전이었습니다. 피츠버그에서 열렸던 캐더린 쿨만 여사의 집회에 참석했다가 막 돌아왔던 날이었고 그때 내 나이는 21살이었습니다.

그날 밤 나는 "성령님, 캐더린 쿨만은 성령님을 자기 친구라고 하던대요."라고 말하며 기도하기 시작했습니다. "하지만 저는 성령님을 알지 못합니다." 그런 다음 두 손을 들고 물었습니다. "저도 성령님을 만날 수 있나요? 정말 저도 성령님을 만날 수 있을까요?"

내가 그렇게 기도했을 때 성령님께서는 결코 부인할 수 없을 만큼 강한 임재하심으로 내 방을 찾아오셨습니다. 우리에게 성령님을 보내주시겠다고 약속하신 하나님의 말씀이 틀림없는 사실임을 알게 되었습니다. 바로 그 순간부터 성령님은 더 이상 내게서 멀리 떨어져 계시는 삼위일체 하나님 중 제 삼위가 아니었습니다. 그분은 실제로 존재하셨고 인격을 가지고 계셨으며 나의 가장 가까운 친구요, 위로자이시며, 안내자가 되어 주셨습니다.

그처럼 성령님께서 강림하실 수 있었던 것은 오직 그리스도의 보혈 때문이라는 것을 가르쳐 주셨습니다. 오순절날 베드로가 예수님의 죽으심과 부활하심을 담대히 전하고 난 후에 계속해서 다음과 같이 말했습니다.

> 하나님이 오른손으로 예수를 높이시매 그가 약속하신 성령을 아버지께 받아서 너희가 보고 듣는 이것을 부어 주셨느니라 (행 2:33)

예수님께서 십자가에 죽으심으로 우리를 구원하시기 위한 값을 치루셨고, 부활하신 후에는 하나님께로 올라가셔서 거기서 자신의 피를 하나님께 증거로 제시하셨습니다.

> 그리스도께서는 장래 좋은 일의 대제사장으로 오사 손으로 짓지 아니한 것 곧 이 창조에 속하지 아니한 더 크고 온전한 장막으로 말미암아 염소와 송아지의 피로 하지 아니하고 오직 자기의 피로 영원한 속죄를 이루사 단번에 성소에 들어가셨느니라 (히 9:11-12)

예수님께서 하나님 아버지께 자신의 피를 드리셨고 하나님께서는 이를 받으셨습니다. 이렇게 함으로 예수님께서는 자신을 믿는 모든 사람들 위에 부어주실 성령을 아버지께로부터 선물로 받으셨던 것입니다. 이제 성령님께서는 이 세상에 계시면서 우리들로 하여금 믿음으로 살 수 있도록 우리를 도우십니다. 이는 이미 선지자 에스겔을 통해서 말씀하신 것을 이루신 것이기도 합니다.

> 또 새 영을 너희 속에 두고 새 마음을 너희에게 주되 너희 육신에서 굳은 마음을 제거하고 부드러운 마음을 줄 것이며 또 내 영을 너희 속에 두어 너희로 내 율례를 행하게 하리니 너희가 내 규례를 지켜 행할지라 (겔 36:26-27)

성령님께서는 우리가 신앙 생활을 할 수 있도록 도와주실 뿐 아니라 하나님의 임재하심을 실제로 경험하도록 역사하십니다.

> 내가 다시는 내 얼굴을 그들에게 가리지 아니하리니 이는 내가 내 영을 이스라엘 족속에게 쏟았음이라 주 여호와의 말씀이니라 (겔 39:29)

내가 성령님의 능력으로 완전히 변화되었을 때 나는 내 자신을 보고 놀라지 않을 수 없었습니다. 여러분도 성령님을 만나게 되면 이와 같은 변화를 경험하게 될 것입니다. 일찍이 사무엘 선지자는 이와 같은 변화를 다음과 같이 사울에게 설명했습니다.

> 네게는 여호와의 영이 크게 임하리니 너도 그들과 함께 예언을 하고 변하여 새 사람이 되리라 (삼상 10:6)

급하고 강한 바람

"성령님께서 우리를 완전히 변화시킨다는 것이 정말로 가능할까요?" 그 대답은 "절대적으로 가능하다."입니다. 하나님께서 당신의 숨을 불어 넣어서 흙으로 사람을 만드실 수 있었다면 다시금 그분의 숨을 우리에게 불어 넣으실 때 불가능한 일이 과연 무엇이겠는가 한번 생각해 보십시오! 바로 이와 같은 일이 이미 오순절에 일어났습니다.

> 홀연히 하늘로부터 급하고 강한 바람 같은 소리가 있어 그들이 앉은 온 집에 가득하며 (행 2:2)

오순절 날 다락방에 모여 있던 사람들은 전능하신 하나님의 숨소리를 느낄 수 있었고 그들의 삶은 변화 될 수밖에 없었습니다. 성령님께서 여러분에게 임하시면 다음과 같은 세 가지 일이 일어나리라고 기대할 수 있습니다.

1. 하나님께서 여러분에게 너무나 가까이 계심을 느끼게 됩니다.
2. 이와 같은 친밀한 관계로 인해 여러분 삶의 궁극적인 소망이 하나님의 방법대로 사는 것으로 바뀌게 됩니다.
3. 놀랍게 새 사람으로 변화됩니다.

하나님께서 당신의 아들 예수의 피로 우리와 언약을 맺으셨다는 증거가 바로 오늘날 이 땅 위에 역사하시는 성령님이라고 나는 믿습니다.

> 그 안에서 너희도 진리의 말씀 곧 너희의 구원의 복음을 듣고 그 안에서 또한 믿어 약속의 성령으로 인치심을 받았으니 (엡 1:13)

나는 "주여! 저에게 성령님을 보내 주소서! 주님의 능력으로 채워 주소서!"라고 기도하는 사람들을 많이 만나보았습니다. 나는 이분들에게 "우리가 예수님의 죽으심과 그분의 흘리신 보혈을 소중히 여기고 높여드릴 때 성령님께서는 우리 가운데 어김없이 오실 것입니다."라고 말해 주고 싶습니다.

구약에서도 살펴보면 제사를 통해서 짐승의 피가 하나님께 드려졌을 때 하나님께서는 그 응답으로 불을 내려주셨고, 그분의 영광 또한 임하셨습니다. 솔로몬이 그의 성전을 하나님께 드렸을 때 무슨 일이 일어났는지 여러분은 기억하고 계십니까?

> 솔로몬이 기도를 마치매 불이 하늘에서부터 내려와서 그 번제물과 제물들을 사르고 여호와의 영광이 그 성전에 가득하니 (대하 7:1)

구약에서 성령님은 종종 불로 묘사되었습니다(레 9:23-24, 왕상 18:38, 대하 7:1). 이는 모든 것을 소멸하시는 하나님의 거룩하심을 나타냅니다.

이에 대해 세례 요한도 다음과 같이 예언했습니다.

> 나는 물로 너희에게 세례를 베풀거니와 나보다 능력이 많으신 이가 오시나니 나는 그의 신발끈을 풀기도 감당하지 못하겠노라 그는 성령과 불로 너희에게 세례를 베푸실 것이요 (눅 3:16)

성령님께서 제자들 위에 불로 임하신 것도 예수님께서 갈보리 산 위에서 그분의 피를 흘리신 후였습니다. 제자들은 예수님께서 명령하신 대로 예루살렘에 모여서 약속하신 성령을 기다리고 있었습니다. 그러던 중 어느 날 성령님께서 제자들 위에 불로 임하셨습니다.

> 마치 불의 혀처럼 갈라지는 것들이 그들에게 보여 각 사람 위에 하나씩 임하여 있더니 그들이 다 성령의 충만함을 받고 성령이 말하게 하심을 따라 다른 언어들로 말하기를 시작하니라 (행 2:3-4)

여러분이 예수님의 보혈을 의지하고 하나님께 나아올 때 하나님께서는 여러분의 삶을 성령님의 불로 채워주실 것입니다. 앤드류 머레이는 1828년부터 1917년까지 살았던 크리스천 작가로 많은 저서를 우리에게 남겨주었습니다. 그 중에 『보혈의 능력(The Power of the Blood)』이란 책에서 그는 예수님의 보혈과 성령님과의 관계를 다음과 같이 설명하고 있습니다.

> "예수님의 보혈이 존중히 여겨지고 높임을 받는 곳이면 어디든지 성령께서 역사하시고 성령께서 역사하실 때는 언제든지 영혼들을 예수님의 보혈로 인도하신다."

하나님의 기름 부으심이 여러분의 삶을 만질 때

성경은 우리가 하나님을 온전히 섬길 수 있도록 해 주는 것이 기름 부으심이라고 분명히 말하고 있습니다. 하나님께서 모세에게 : "그 아버지에게 기름을 부음 같이 그들에게도 부어서 그들이 내게 제사장의 직분을 행하게 하라"(출 40:15)라고 말씀하셨습니다.

내 자신을 돌아보아도 하나님께서 나의 목회와 사역 가운데 역사하시는 그 모든 것이 바로 그분의 기름 부으심 때문이라는 사실을 언제나 깨닫게 됩니다.

기름 부으심이 없다면 나는 영적으로 파산하고 말 것입니다. 내가 매일 "하나님 결단코 내게서 기름 부으심을 거두어 가지 마옵소서."라고 기도하는 이유도 만일 기름 부으심이 내게서 떠나면 어떻게 될 것인지 너무나 잘 알기 때문입니다. 최근에 빌리 그래함 목사님께서 1950년에 쓰셨던 글을 읽게 되었습니다. 그 내용이 나의 기도와 비슷함을 알 수 있었습니다.

"나는 하나님께 '만일 단 하루라도 성령님의 기름 부으심과 충만하심을 망각한 채 강단에 서는 경우가 있다면, 단 한번이라도 하나님의 자비하심과 성령의 불의 도우심 없는 설교를 해야 하는 날이 있게 된다면 차라리 내 생명을 거두어 가소서' 라고 기도해왔습니다. 성령님의 기름 부으심 없이 나는 더 이상 살기를 원치 않습니다. 나는 정말로 성령님의 능력 없이는 단 한번이라도 강단에 서서 설교하기를 결코 원치 않습니다. 성령님의 능력이 없이 설교한다는 것 자체가 참으로 위험한 일이기 때문입니다."

사울의 경우를 통해서 우리는 커다란 교훈을 얻을 수 있습니다. 하나님께서 사울을 선택하셨고 이로 말미암아 사울은 변화되어 새 사람이 되었습니다.

하지만 어느 날 사울은 하나님께서 이스라엘 백성들에게 명하신 제사법을 어겼습니다. 이에 사무엘 선지자는 사울에게 이렇게 말했습니다.

> 왕이 망령되이 행하였도다 왕이 왕의 하나님 여호와께서 왕에게 내리신 명령을 지키지 아니하였도다 그리하였더라면 여호와께서 이스라엘 위에 왕의 나라를 영원히 세우셨을 것이거늘 (삼상 13:13)

이로 말미암아 하나님의 기름 부으심이 사울에게서 떠났습니다. 뿐만 아니라 오히려 더 악한 결과를 초래하고 말았습니다.

> 여호와의 영이 사울에게서 떠나고 여호와께서 부리시는 악령이 그를 번뇌하게 한지라 (삼상 16:14)

삼손의 이야기를 통해 우리는 또 하나의 예를 찾아볼 수 있습니다. 성령께서 삼손을 떠나시자 그는 감옥에 갇힌 채 블레셋의 노예가 되었습니다. 심지어 그의 눈마저 뽑힘을 당했습니다. 성경은 그가 자고 있을 때 하나님의 기름 부으심을 잃게 되었다고 기록하고 있습니다(삿 16:18-20). 잔다고 하는 것은 기도하지 않는 것을 상징적으로 의미합니다. 그러므로 여러분은 여러분의 삶 가운데 역사하시는 하나님의 기름 부으심을 잃지 않으려면 절대로 기도를 게을리하거나, 하나님의 귀중한 말씀을 소홀히 여기지 말아야 합니다. 이 세상 사는 동안 하나님의 기름 부으심 외에 나는 더 이상 아무것도 바랄 것이 없습니다. 여러분의 가장 큰 소원 또한 이와 같으리라고 생각합니다.

여러분이 하나님께 순종하기만 하면 기름 부으심을 잃을까 염려할 필요가 전혀 없습니다. 여러분이 하나님께 순종하고 난 다음에는 오히려 순종하는 삶에 약속된 하나님의 축복을 기대하며 살 수 있습니다.

chapter 9

머리부터 발끝까지

　예수님의 보혈 때문에 나는 날마다 하나님께 감사드립니다. 왜냐하면 주님께서 우리의 죄를 위해 그분의 피를 흘려주심으로 성령님께서 우리에게 오실 수 있었기 때문입니다. 이 성령님으로 말미암아 오늘날 우리의 삶 가운데 역사하시는 하나님의 기름 부으심을 우리가 경험할 수 있게 되었습니다.

　성령의 기름이 우리에게 부은 바 되고 따라서 우리가 성령의 능력으로 옷 입게 되면 모든 멍에와 묶임으로부터 우리는 자유하게 됩니다. 이사야 선지자는 여기에 대해 이렇게 기록하고 있습니다.

그 날에 그의 무거운 짐이 네 어깨에서 떠나고 그의 멍에가 네 목에
서 벗어지되 기름진 까닭에(기름 부으심 때문에 : 역자 주)[7] 멍에가
부러지리라 (사 10:27)

하나님의 권능이 내게 임하셔서 나를 만지실 때면 나는 언제나 "하나님이 일어나시니 원수들은 흩어지며"(시 68:1)라고 외쳤던 시편 기자가 된 기분입니다.

이 책 앞부분에서 우리는 죄인을 상징하던 나병 환자를 어떻게 피로 정결하게 하는지 살펴보았습니다. 이 나병 환자에게 계속해서 무슨 일이 일어났는지 살펴본다면 나병 환자가 피로 정결함을 얻은 것은 단지 시작에 불과한 것임을 알 수 있습니다. 그 이유는 바로 그를 정결하게 했던 피가 또한 그로 하여금 기름 부음을 받을 수 있도록 했기 때문입니다.

나병 환자가 이스라엘 진영으로 돌아오는 것(레 14:8)이 허락된 다음, 그는 "흠 없는 어린 숫양 두 마리와 일 년 된 흠 없는 어린 암양 한 마리와 또 고운 가루 십분의 삼 에바에 기름 섞은 소제물과 기름 한 록(약 0.31리터)을 취할 것"(레 14:10)으로 되어 있었습니다. 또한 제사장은 어린 숫양 하나를 취하여 속건제(특정한 죄로 인해 드리는 제사)로 드리고(레 14:12) 그 어린 숫양은 거룩한 장소 곧 속죄제와 번제물 잡는 곳에서 잡도록 되어 있었습니다(레 14:13).

---

7) 저자가 사용한 영어성경에는 "because of the anotnting oil"이라고 되어있다.

나병 환자가 정결함을 얻었고 이에 그가 진으로 돌아오는 것이 허락된 다음인데도 불구하고 그가 하나님 앞에 더 많은 제사를 드려야 했음을 여러분은 발견했는지요? 마찬가지로 주님께서도 우리 죄를 대속하시기 위해 한 번 피를 흘리셨지만 우리는 주님의 피가 계속해서 우리를 깨끗하게 해 주시고 보호해 주시도록 기도하는 것이 성경적입니다. 예수님께서도 제자들에게 다음과 같이 기도하라고 가르치셨습니다.

> 우리가 우리에게 죄 지은 자를 사하여 준 것 같이 우리 죄를 사하여 주시옵고 우리를 시험에 들게 하지 마시옵고 다만 악에서 구하시옵소서 (마 6:12-13)

제사장은 그 속건제 희생의 피를 취하여 정결함을 받은 나병 환자의 몸 세 군데에 발랐습니다. 이 부분에 관해서도 나는 데이빗 올소부룩이 쓴 책 『귀중한 피(The Precious Blood)』를 읽고서 이렇게 하는 과정이 오늘날 우리에게 어떤 의미를 부여하는지 깨달았습니다. 하나님께서 제사장에게 세 군데에 피를 바르도록 하신 데에는 분명히 특별한 목적이 있을 것이라고 나는 믿기 때문입니다.

첫 번째로, 제사장은 그 속건제 희생의 피를 취하여 정결함을 받을 자의 오른쪽 귓부리에 발랐습니다(레 14:14). 그 이유는 피가 우리의 듣는 것에 적용되면 우리의 대적 마귀의 음성으로부터 우리가 보호를 받게 되기 때문입니다.

시편 기자는 하나님께 이렇게 외쳤습니다.

> 내게 굽히사 응답하소서 내가 근심으로 편하지 못하여 탄식하오니 이는 원수의 소리와 악인의 압제 때문이라 그들이 죄악을 내게 더하며 노하여 나를 핍박하나이다 (시 55:2-3)

우리가 하나님을 믿는 자로서 마귀가 그 음성으로 우리를 공격할 때 이 공격을 능히 이길 권세가 우리에게 있음을 알아야 합니다. 성경에서는 이렇게 말합니다.

> 너를 치려고 제조된 모든 연장이 쓸모가 없을 것이라 일어나 너를 대적하여 송사하는 모든 혀는 네게 정죄를 당하리니 이는 여호와의 종들의 기업이요 이는 그들이 내게서 얻은 공의니라 (사 54:17)

누구의 혀가 우리를 대적하여 일어난다고 기록되어 있습니까? 원수들의 거짓말하는 혀가 아닙니까? 하지만 예수님의 보혈과 말씀의 권세로 우리는 이러한 혀의 소리를 정죄할 수 있습니다.

어떤 사람들이 마귀가 계속 그들에게 속삭인다고 말할 때면 나는 그들에게 놀라운 주님의 말씀을 상기시켜 줍니다.

> 내 양은 내 음성을 들으며 나는 그들을 알며 그들은 나를 따르느니
> 라 (요 10:27)

우리가 들어야 할 소리는 사탄의 음성이 아니라 주님의 음성이기에 주님의 보혈이 우리의 귀에 적용되어야 하는 것입니다.

두 번째로, 제사장은 피를 취하여 오른쪽 엄지 손가락에 발랐다(레 14:14)고 성경에 기록되어 있습니다. 여기에서 우리의 손은 우리의 행위를 의미합니다. 다시 말해서 우리의 행위를 보호하시고 인도하시기 위한 배려가 이 말씀 속에 들어있는 것입니다. 이것은 참으로 놀라운 하나님의 은혜가 아닐 수 없습니다. 다윗은 시편 말씀을 통해서 다음과 같이 기도하였음을 볼 수 있습니다.

> 주 우리 하나님의 은총을 우리에게 내리게 하사 우리의 손이 행한
> 일을 우리에게 견고하게 하소서 우리의 손이 행한 일을 견고하게 하
> 소서 (시 90:17)

하나님께서는 이사야 선지자에게 내가 그들의 행사를 진리 가운데로 인도하며 "그들과 영원한 언약을 맺으리라"라고 말씀하셨습니다.

마지막으로, 제사장은 피를 취하여 오른쪽 엄지 발가락에 발랐습니다(레 14:14). 여기에서 발은 우리가 하나님과 함께 걷는

것, 즉 동행하는 것을 의미합니다. 요한일서 1장 7절 말씀이 여기에 대해 우리에게 잘 설명해 주고 있습니다.

> 그가 빛 가운데 계신 것 같이 우리도 빛 가운데 행하면 우리가 서로 사귐이 있고 그 아들 예수의 피가 우리를 모든 죄에서 깨끗하게 하실 것이요 (요일 1:7)

뿌려지고 부어짐

제사장이 나병 환자의 귀와 손과 발에 피를 바른 다음에야 하나님께서는 "이제 기름을 바를 때다."라고 말씀하셨습니다. 이에 제사장은 그 한 록의 기름을 취하여 자기 왼쪽 손바닥에 따르고 오른쪽 손가락으로 왼쪽 손의 기름을 그 손가락으로 그것을 여호와 앞에 일곱 번 뿌리도록(레 14:15-16) 되어 있었습니다.

성경 전체를 통해서 기름 부음에 사용되는 기름은 하나님의 사역을 거룩하게 하고 그 사역에 권능을 부여하는 성령님의 역사를 의미합니다. 여기에서 피가 발라진 곳을 하나님께서 기름 부으신다는 사실을 깨닫는 것은 참으로 중요합니다.

다시 말해서 성령님의 기름 부으심은 피가 적용된 다음에 따라온다는 말입니다. 제사장에 의해 기름이 일곱 번 뿌려진 것은 온전한 기름 부으심을 받았음을 나타내기 위한 것입니다.

이제 다음에 일어난 일들은 어쩌면 반복되는 내용처럼 들릴지 모릅니다. 그러나 사실은 이 과정을 통해서 하나님께서 완전히 새로운 일을 행하고 계심을 볼 수 있습니다. 제사장은 남은 기름을 취하여 나병 환자의 오른쪽 귀와 오른쪽 엄지 손가락과 오른쪽 엄지 발가락에 각각 발랐습니다.

이 세 곳에는 이미 피가 발라져 있었지만 이 발라진 피 위에 기름 부음의 기름이 다시 발라진 것입니다. 이것은 예수님의 피가 있는 곳에는 언제나 성령님의 기름 부으심이 함께 있다는 사실을 우리에게 가르쳐 주고 있습니다. 성령님의 기름 부으심은 예수님의 피가 우리에게 주는 유익을 더욱 강화시켜 준다고 나는 믿고 있습니다.

1. 예수님의 피가 우리의 귀에 적용되면 우리는 더 이상 마귀의 음성을 듣지 않을 것입니다. 그런 다음 하나님께서는 우리의 귀에 기름 부으셔서 그분의 음성을 들을 수 있도록 하십니다.
2. 예수님의 피가 우리의 손에 적용되면 마귀는 더 이상 우리가 하나님을 위해 하는 일을 간섭할 수 없게 됩니다. 그런 다음 기름 부으심이 우리의 사역을 배가시켜 줍니다.
3. 예수님의 피가 우리의 발에 적용되면 하나님께서는 그 위에 기름 부으셔서 우리가 하나님과 함께 동행하도록 우리의 걸음을 인도해 주십니다.

우리의 걸음(삶)은 또한 하나님의 말씀으로 씻어져야 될 필요가 있습니다. 예수님께서 "이미 목욕한 자는 발밖에 씻을 필요가 없느니라"(요 13:10)고 말씀하셨습니다.

우리는 구속함을 얻었고 예수님의 피로 깨끗하게 씻음을 받았습니다. 그럼에도 불구하고 여전히 우리의 걸음(삶)은 매일 말씀으로 씻음을 받아야 합니다. 왜냐하면 우리의 삶은 계속해서 세상의 먼지를 접촉하고 있기 때문입니다.

구약에서 하나님께서 모세에게 회막을 지으라고 말씀하셨을 때 제사장이 입어야 할 옷을 포함해서 제사장이 갖추어야 할 모든 세밀한 부분까지 알려 주셨습니다. 하지만 신발에 관해서는 아무런 언급이 없었습니다(출 39장 참조). 그 이유는 제사장일지라도 그들이 여전히 땅의 먼지를 밟고 사는 것을 상기시키기 위한 것이었습니다. 따라서 그들은 맨발로 걸어다녀야 했습니다.

그리스도인이지만 우리는 날마다 세상을 접촉하며 살기 때문에 주님 앞에 나와서 "오늘도 나를 깨끗하게 하시며 다시 새롭게 하여 주옵소서."라고 기도해야 합니다.

머리부터 발끝까지

하나님께서 제사장에게 남은 기름을 가지고 어떻게 하도록 명령하셨습니까?

아직도 그 손에 남은 기름은 제사장이 그 정결함을 받는 자의 머리에 바르고 제사장은 여호와 앞에서 그를 위하여 속죄하고 (레 14:18)

하나님께서는 성령의 기름으로 우리의 머리부터 발끝까지 온전히 덮으시길 원하십니다. 즉 우리가 보고 듣고 생각하는 것, 우리의 말, 그리고 우리의 삶 전체에 성령의 기름을 부으시기 원하십니다. 바로 이 때문에 우리가 예수님의 피로 죄사함을 얻을 뿐만 아니라 성령의 기름 부으심을 받는 것입니다.

하지만 많은 사람들이 자신의 과거 때문에 죄사함을 얻고 기름 부음을 받는데 자기 자신은 결코 합당하지 못하다고 생각합니다. 그래서 나는 여러분들에게 예수님께서 흘리신 피가 우리의 과거에 어떠한 영향을 미치는지 말씀드리려고 합니다.

chapter 10

장사지낸바 된 여러분의 과거

수백만 명의 사람들이 그들의 과거 때문에 끊임없이 되풀이되는 절망과 좌절 속에서 살고 있습니다. 그들은 과거의 기억 때문에 찢기고 부서져서 우울증 내지는 정신적 고통에 시달리고 있으며 심지어는 자살까지 가는 경우도 있습니다.

사탄은 우리의 약점을 잘 압니다. 그래서 실수했던 우리의 과거를 가지고 우리를 괴롭게 하고 올무에 빠뜨리려고 합니다. 사탄의 가장 최고의 무기가 바로 우리의 과거이기 때문입니다.

하지만 예수님께서 흘려주신 십자가의 보혈이 우리의 모든 더러운 행실을 깨끗하게 씻어 주심에 대해서 하나님께 감사드립니다.

> 염소와 황소의 피와 및 암송아지의 재를 부정한 자에게 뿌려 그 육체를 정결하게 하여 거룩하게 하거든 하물며 영원하신 성령으로 말미암아 흠 없는 자기를 하나님께 드린 그리스도의 피가 어찌 너희 양심을 죽은 행실에서 깨끗하게 하고 살아 계신 하나님을 섬기게 하지 못하겠느냐 (히 9:13-14)

여러분의 과거로부터 해방되는 것이 얼마나 홀가분하고 자유한지 여러분은 알고 있습니까? 죄책감이나 정죄감 없이 산다는 것이 과연 무엇을 의미하는지 이해하고 있습니까? 여러분 중 어떤 사람들은 다른 사람들에 비해서 자신들의 과거는 훨씬 더 검다고 생각할지도 모릅니다. 하지만 토레이 목사님께서는 이렇게 말씀하셨습니다.

> "우리의 죄가 씻겨지기 전 우리의 과거를 하나님께서 보시는 눈으로 우리가 볼 수 있다면 우리 중 아무리 훌륭하다고 하는 사람들의 기록이라 할지라도 오직 시커먼 색 뿐일 것입니다. 하지만 우리가 빛 가운데 거하고 하나님의 진리의 말씀에 순종하며 예수님 안에 있는 생명을 믿으면 오늘 우리의 기록은 예수님께서 변화산에서 변화되셨을 때 그토록 하얗던 예수님의 겉옷 만큼 하얗습니다."

예수님의 피가 여러분의 마음을 덮는 순간 여러분의 과거는 완전히 장사지낸 바 되는 것입니다. 영원히 없어졌으며 하나님께서 더 이상 기억하지 아니하십니다. 이후에는 여러분이 만일 계속 과거에 집착하며 사는 것은 하나님을 모독하는 것입니다.

법정에 서서

여러분이 하나님께서 재판장이신 법정에 서 있다고 상상해 보십시오. 그분의 거룩하신 임재하심 앞에서 집요한 죄의식에 의해 압도당한 여러분의 모습 말입니다. 그리고는 청천벽력 같은 하나님의 음성이 들려옵니다.

"너는 죄인이다."

여러분은 덜덜 떨며 사형 선고만 기다리고 있을 것입니다. 그런데 하나님께서는 계속해서 말씀하시기를 "네가 죄인이지만 나는 너를 의롭다고 인정한다. 따라서 너의 형벌 또한 취소되었다."고 하십니다.

바로 이것을 가리켜 칭의(의롭다고 여김을 받음)라고 합니다. 하나님께서 여러분에게 새로운 법적 지위를 허락해 주셨습니다. 여러분의 기록은 깨끗해졌습니다. 예수님 때문에 하나님께서 여러분을 의롭다고 인정하신 것입니다.

> 이 예수를 하나님이 그의 피로써 믿음으로 말미암는 화목제물로 세우셨으니 이는 하나님께서 길이 참으시는 중에 전에 지은 죄를 간과하심으로 자기의 의로우심을 나타내려 하심이니 곧 이 때에 자기의 의로우심을 나타내사 자기도 의로우시며 또한 예수 믿는 자를 의롭다 하려 하심이라 (롬 3:25-26)

예수님께서 흘리신 피가 우리의 죄로 말미암아 우리 위에 쏟아지는 하나님의 진노로부터 우리를 구해 주셨습니다.

> 그러면 이제 우리가 그의 피로 말미암아 의롭다 하심을 받았으니 더욱 그로 말미암아 진노하심에서 구원을 받을 것이니 (롬 5:9)

토레이 목사님께서 죄사함 받는 것과 의롭다함 얻는 것을 다음과 같이 잘 비교해서 설명하였습니다.

> "용서함을 받음으로 부끄럽기 짝이 없고 냄새 나던 죄의 누더기가 우리에게서 벗어졌으며 의롭다함을 얻음으로 우리는 그리스도의 영광과 아름다움으로 옷입게 되었습니다."

나는 모든 그리스도인들이 이 진리를 깨닫게 되기를 간절히 바랍니다.

28년 동안

오래 전 몹시 괴로워하던 한 여인이 나에게 보냈던 편지의 내용을 나는 결코 잊지 못합니다. 그다지 자세한 내용은 기록되지 않았지만 다음과 같이 써 있었습니다.

"제가 저지른 일들이 너무 끔찍하게 느껴져서 죽고 싶은 마음 뿐입니다."

편지 하단부에 전화번호가 적혀있는 것을 발견하고는 비서에게 "이 사람과 통화하고 싶은데 전화로 연락이 가능한지 한 번 알아봐요."라고 말했습니다.

내 비서는 곧장 전화를 걸었고 다행히 이 여인과 나는 몇 분 동안 통화할 수 있었습니다.

"무엇이 그렇게 고통스러워서 죽음까지 자청하려고 하십니까?"라고 묻자 그녀는 "말하기도 너무나 부끄러운 일이라서……. 저는 다섯 명의 남자와 간음했답니다."라고 대답했습니다. "거듭나셨나요?"라는 제 질문에 "예"라고 대답했고 나는 곧바로 "하나님께 용서해 달라고 기도한 적이 있습니까?"라고 물었을 때 그녀는 "예"라고 응답했습니다. "그러면 하나님께서 용서하신 것을 믿으십니까?"라고 묻자 그녀는 머뭇거리다가 "잘 모르겠어요."라고 조용히 대답했습니다.

나는 그녀에게 성경이 뭐라고 말하는지 설명하기 시작했습니다.

"우리가 진심으로 우리 죄를 회개하면 그리스도의 피가 우리를 완전히 깨끗하게 씻어줍니다. 우리의 과거는 지워지고 없는 것이 되지요. 하나님께서는 우리를 용서하실 뿐만 아니라 우리 죄를 기억하지도 아니하신답니다."

그리고는 성경 말씀을 들려주었습니다.

> 나 곧 나는 나를 위하여 네 허물을 도말하는 자니 네 죄를 기억하지 아니하리라 너는 나에게 기억이 나게 하라 우리가 함께 변론하자 너는 말하여 네가 의로움을 나타내라 (사 43:25-26)

"하지만 저는 죄책감에 사로잡혀서 더 이상 기도조차 할 수 없는 걸요. 저는 너무나 많은 죄를 지은 사람이라서……."

잠시 그녀의 울음소리가 들려왔습니다. 그리고는 이렇게 말했습니다.

"제가 죄인이라는 것 때문에 교회도 갈 수가 없어요. 감히 하나님께 예배드리지도 못하겠어요. 차라리 죽는 편이 낫겠어요."

나는 그녀의 말을 중단시키고 "이런 일이 있은지 얼마나 됐나요?"라고 묻자 그녀는 흐느끼며 "28년 됐어요."라고 대답했습니다.

"아니 그러면 28년 동안이나 이 문제를 가지고 씨름하며 살아오셨단 말입니까?"

"예, 제게는 끔찍한 일이죠!"

나는 이 여인의 주의를 환기시켜야겠다고 생각했습니다.

"당신은 지금까지 성령님을 근심시키며 살아왔다는 사실을 알고 계십니까?"

그녀는 물었습니다.

"무슨 뜻이죠?"

"당신이 매번 '예수님께서 나를 용서못하실 거야'라고 믿을 때마다 성령님을 슬프게 해 드렸다는 말입니다."

"아니에요! 그게 아니에요!"라고 그녀는 소리쳤습니다.

"지금까지 그렇게 해 오신 겁니다. 앞으로도 그런 생각을 버리지 못하면 결코 이 문제에서 해결함 받고 승리하실 수 없습니다. 말하자면 당신은 하나님을 믿지 못하고 있습니다. 하나님께서는 당신의 죄를 장사 지내겠다고 약속하셨는데도 당신은 계속 믿지 못하는 것이 아닙니까?"

"그럼 어떻게 해야 되죠?"

"하나님께 회개하십시오. 그분의 약속의 말씀을 믿지 못한 불신의 죄를 용서해 달라고 하나님께 기도하십시오."

그런 다음 전화로 그녀와 함께 기도했습니다. 나는 이 일을 결코 잊지 못합니다. 기도하는 동안 그녀에게서 묶임이 벗어지고 그녀 위에 빛이 비추는 것을 느낄 수 있었습니다. 예수님께서 십자가 위에서 그녀를 위해 죽으신 것과 예수님의 피가 그녀의 죄를 깨끗이 씻어주셨음을 받아들이게 되자 그녀는 완전히 자유할 수 있었습니다.

우리가 과거에 저질렀던 죄로 우리 자신을 스스로 괴롭게 하는 것은 마치 우리가 마귀에게 "나를 떠나지마. 나는 너와 함께 지내는 것이 좋아."라고 말하는 것과 같습니다. 그렇게 함으로 마귀를 여러분에게 묶어두는 것은 여러분의 죄입니다. 만일 여러분이 하나님의 말씀을 믿고 하나님께 용서를 구하며, 깨끗하게 해 주실 것과 죄 가운데서 건져주실 것을 기도한다면 여러분은 마귀가 공격해 오는 모든 공격으로부터 자유함을 얻게 될 것입니다.

많은 사람들이 아직도 자신들의 감정이나, 악한 생각이나, 주위 사람들의 비난소리에 귀를 기울이고 있습니다. 그러나 이제는 그와 같은 것들에서 벗어나 하나님께서 "우리는 그리스도 안에서 그의 은혜의 풍성함을 따라 그의 피로 말미암아 속량 곧 죄사함을 받았느니"(엡 1:7)라고 하신 말씀을 믿어야 합니다. 미가 선지자는 하나님께서 "우리를 불쌍히 여기셔서 우리의 죄악을 발로 밟으시고 우리의 모든 죄를 깊은 바다에 던지시리이다"(미 7:19)고 말했습니다.

언젠가 내가 네덜란드 자이스트에 있는 한 교회에 참석한 적이 있었습니다. 그때 코리 텐 붐 여사가 이렇게 말하는 것을 듣게 되었습니다.

"하나님께서 우리들의 모든 죄를 가져다가 가장 깊은 바다 한 가운데 던지고서는 거기에 '낚시 금지'라는 큰 푯말을 세워 놓으셨습니다."

혹 여러분은 이렇게 던져진 죄들을 다시 낚시질하고 있는 것은 아닙니까? 여러분은 용서받았습니다.

깨끗한 양심

과거의 기억들은 여러분이 그렇게 원한다고 해서 쉽게 지워지지는 않습니다. 단순히 "이제는 잊어버려야지."라고 말한다고 해서 죄로 물든 삶에서 자유하게 되지는 않습니다. 하나님께서는 우리를 깨끗하게 하신다고 말씀하셨습니다. 예수님의 피가 여러분의 양심을 완전히 깨끗하게 씻어주실 것입니다. 여러분의 죄뿐만 아니라 죄와 관련된 모든 기억까지도 말입니다.

과거의 기억들이나 현재의 죄로부터 여러분의 생각을 씻어줄 수 있는 것은 오직 예수님의 피 밖에 없습니다. 그러기에 히브리서 기자는 이렇게 고백하고 있는 것입니다.

> 또 하나님의 집 다스리는 큰 제사장이 계시매 우리가 마음에 뿌림을
> 받아 악한 양심으로부터 벗어나고 몸은 맑은 물로 씻음을 받았으니
> 참 마음과 온전한 믿음으로 하나님께 나아가자 (히 10:21-22)

여기에서 '악한 양심'이 무엇입니까? 여러분의 과거를 상기시키며 "너는 죄인이야."라고 속삭이는 양심을 말합니다. 하지

만 하늘에서는 "어서 오너라! 내가 죄로부터 너를 건져냈고 너는 용서함 받았다. 여기는 오직 그것을 믿는 성도들만 들어올 수 있는 곳이란다. 바로 예수의 피 때문에 너는 의롭다 함을 얻게 되었지."라고 하나님께서 말씀하십니다.

어떤 사람들은 우리가 예수님 때문에 의롭다 함을 얻어서 하나님 앞에 설 수 있다는 것이 불가능하다고 생각할 수 있습니다. 하지만 이것은 사실입니다. 예수님의 피가 순결하기 때문에 하나님 앞에서 우리도 순결하게 되는 것입니다. 주님께서는 우리의 과거나 현재의 모든 죄로부터 우리를 씻어 주십니다. 그러기에 나는 '주의 보혈 능력있도다' 라는 찬송을 부르기를 좋아합니다. 하나님의 약속에 의해서 이제 여러분은 이렇게 말할 수 있습니다.

"예수님의 보혈이 나의 과거를 깨끗이 씻었으니 나는 자유해!"

사탄은 언제나 "네 과거를 생각해 봐."라는 속임의 말로 여러분을 괴롭게 하려고 할 것입니다. 그러면 여러분은 이렇게 대답하십시오.

"내 과거? 난 과거가 없어. 내 과거는 영원히 없어졌지. 예수님께서 깨끗이 씻어 주셨기 때문에 나는 자유해."

한번은 내가 좋아하는 셔츠를 가지고 세탁소에 간 적이 있습니다. "두 번이나 이 셔츠를 맡겼는데도 여기 얼룩이 그대로 있는데 이게 어떻게 된 겁니까?"라고 세탁소 주인에게 묻자 그 주인은 "여기 놓고 가세요. 한 번 더 해 보죠."라고 대답했습니다.

다음에 다시 찾으러 갔을 때 세탁소 주인은 이렇게 말했습니다.

"미스터 힌, 세제란 세제는 다 써 봤는데도 이 얼룩은 안 빠집니다. 빠질 가능성은 아예 없을 것 같네요."

하지만 내가 죄로 얼룩진 나의 삶을 주님께 드렸을 때 주님은 결코 그렇게 대답하지 않으셨습니다. 우리는 하나님의 아들이신 예수님의 보혈이 모든 얼룩을 깨끗이 제거할 수 있다는 것을 받아들이지 않을지 모릅니다. 하지만 예수님의 보혈은 너무 강력해서 우리 안에 있는 어떤 죄의 오점이나 흔적까지도 씻어 줍니다. 여러분이 죄를 짓고 살았을 때 여러분은 죄의 노예였습니다. 그러면 다음 장에서 죄의 노예가 된 사람들에게 예수님께서는 어떻게 해 주시는지 살펴보겠습니다.

chapter 11

값을 지불하고 사셨다

　미국에서 노예제도가 합법으로 인정되던 시대에 어떤 신사한 분이 사람들이 모여있는 거리에서 노예 입찰 현장을 우연히 목격하게 되었습니다. 이 신사는 입찰이 진행되는 과정을 구경하려고 발길을 잠시 멈추어 섰습니다. 이 신사는 모여있던 군중들 한쪽 끝에 서서 손과 발을 밧줄로 묶인 채 마치 짐승인양 취급당하며 한 사람씩 한 사람씩 진열대 위로 끌려가는 노예들을 바라보고 있었습니다.
　조롱하며 야유하는 군중들 앞에 전시된 노예들은 한 사람씩 한 사람씩 경매에 붙여졌습니다. 일부 구경꾼들은 여자 노예들을 함부로 움켜쥐기도 하고 남자 노예들의 팔 근육을 살펴보기도 하면서 소위 '상품'에 하자가 없는지 검사하고 있었습니다.

한쪽에서 대기한 채 자기들의 순서를 기다리는 노예들을 둘러보던 이 신사는 뒤쪽에 서 있는 한 젊은 여자 노예를 보고 잠시 그의 시선을 멈추었습니다. 그 여자 노예의 눈에는 두려움이 가득 차 있었고 그녀의 모습은 사뭇 공포에 질린 표정이었습니다. 이 신사는 잠시 머뭇거리는듯 하더니 한동안 사라졌다가 다시 돌아왔습니다. 그러자 바로 이때 그 여자 노예의 입찰이 이미 공고된 대로 막 시작되려던 참이었습니다.

경매를 진행하는 사람이 그 노예의 경매를 개시하자마자 이 신사는 그날 거래되었던 어떤 노예들의 가격보다도 두 배나 높은 가격을 큰 소리로 불렀습니다. 군중들 사이에는 잠깐 동안 침묵이 흘렀습니다. 그리고는 경매인이 내려치는 망치 소리와 함께 "이 신사에게 팔렸습니다."라는 결정이 내려졌습니다.

군중들 사이를 제치고 앞으로 걸어나온 이 신사는 진열대 아래에서 그 노예가 새 주인에게로 양도되어 내려오는 동안 기다리고 있었습니다. 그녀를 묶었던 밧줄이 이 신사에게 넘겨졌고 이 신사는 아무 말 없이 그 밧줄을 받았습니다.

젊은 여자 노예는 땅바닥만 내려다 보고 있다가 별안간 이 신사를 올려다 보고는 이 신사의 얼굴에 침을 뱉었습니다. 하지만 이 신사는 조용히 그의 호주머니에서 손수건을 꺼내서 그의 얼굴을 닦았습니다. 그런 다음 젊은 노예를 보고 부드럽게 미소를 짓더니 "따라 와"라고 말했습니다.

그녀는 마지 못해서 이 신사를 따라갔고 이들은 군중들을 벗어나서 서류상 경매가 법적으로 매듭지어지는 곳에 이르렀습니다. 노예가 풀려날 때는 그 노예가 자유의 몸이 되었다는 해방 증서라 불리우는 법적인 서류가 있어야 했습니다.

이 신사는 가격을 지불하고 필요한 법적인 서류에 서명하였습니다. 이 모든 절차가 끝나자 이 신사는 그 노예에게 그녀의 법적인 서류들을 건네주었습니다.

깜짝 놀란 그녀는 믿기지 않는 듯 이 신사를 바라보았고 살짝 치켜뜬 그녀의 눈은 '도대체 지금 뭘 어떻게 하겠다는 겁니까?'라고 묻고 있었습니다. 이 신사는 몹시 궁금한 듯한 그녀의 표정에 이렇게 대답했습니다.

"여기 이 서류들을 가져가도록 해요. 당신을 풀어 주어서 노예의 신분으로부터 자유롭게 하려고 당신을 산거요. 이 서류들을 지니고 있는 한 다시는 아무도 당신을 노예로 삼지 못할 거요."

그녀는 이 신사의 얼굴을 다시 바라보았습니다. 도대체 무슨 일이 일어나고 있는 것입니까! 침묵이 흘렀습니다. 그녀는 천천히 입을 열었습니다.

"나를 풀어 주려고 나를 샀다고요? 나를 자유롭게 하려고 나를 샀다고요?"

그녀가 이 말을 거듭 반복해서 되풀이하는 동안 지금 일어난 사건이 그녀에게 더욱 생생한 현실로 다가왔습니다.

"나를 해방시켜 주려고 나를 샀다고요?"

전혀 낯선 사람이 지금 막 그녀에게 자유를 주었고 이로 인해 이제 다시는 그녀가 노예의 몸으로 다른 사람을 섬기는 일이 없을 것이라는 이 말이 과연 가능하단 말입니까? 마침내 그녀는 그녀의 손에 쥐어져 있는 서류들의 중요성을 깨닫게 되었고 그녀는 무릎을 꿇고 이 신사의 발 앞에 엎드려 울기 시작했습니다. 감사와 기쁨으로 뒤범벅된 눈물을 흘리며 그녀는 이렇게 고백했습니다.

"나를 자유하게 하려고 나를 샀다고요? 당신을 영원히 나의 주인으로 섬기겠습니다!"

여러분과 나는 한 때 죄의 노예로 묶여 있었습니다. 하지만 우리 주 예수님께서는 갈보리에서 자신의 피를 흘리심으로 죄 값을 지불하시고 우리를 자유하게 해 주셨습니다. 이것을 가리켜 성경은 구속 또는 구원이라고 합니다.

> 우리는 그리스도 안에서 그의 은혜의 풍성함을 따라 그의 피로 말미암아 속량 곧 죄 사함을 받았느니라 (엡 1:7)

사도 바울이 "너희는 값으로 산 것이 되었으니 그런즉 너희 몸으로 하나님께 영광을 돌리라"(고전 6:20)는 말도 바로 우리의 구원을 가리켜 한 말입니다. 예수님께서 아무런 이유 없이 그저 자신의 피를 흘린 것이 아닙니다. 주님께서는 우리를 대신해서 자신의 귀중한 피를 흘리심으로 우리가 져야 할 죽음의 대가를 대신 지불하시기로 결정하셨던 것입니다. 그러기에 예수님께서는 자신을 가리켜 다음과 같이 말씀하셨습니다.

> 인자가 온 것은 섬김을 받으려 함이 아니라 도리어 섬기려 하고 자기 목숨을 많은 사람의 대속물로 주려 함이니라 (마 20:28)

왜 예수님께서 우리를 구원하셨습니까?
"죄의 몸이 죽어 다시는 우리가 죄에게 종 노릇 하지 아니하려"(롬 6:6)하기 위해서가 아닙니까? 또한 이렇게 죄의 몸이 멸하여 우리가 더 이상 죄에서 종 노릇 하지 않는 것만이 우리가 "죄에 대하여는 죽은 자요 그리스도 예수 안에서 하나님께 대하여는 살아 있는 자"(롬 6:11)가 될 수 있는 유일한 길이 아닙니까?

그러므로 우리는 날마다 죄로부터 구원을 받았다는 사실, 곧 죄값을 지불하지 않아도 된다는 사실을 기뻐할 뿐만 아니라 진실로 하나님께로 구원을 받았다는 것, 곧 하나님의 가족으로 다시 태어났다는 사실 또한 기뻐해야 하는 것입니다.

다시 말해서 사탄의 권세와 죄의 노예 상태로부터 우리는 해방되었을 뿐만 아니라 예수 그리스도 안에 있는 새 생명과 새로운 자유를 얻게 되었다는 말입니다(고후 3:17-18).

예수님의 피로 구원을 받은 여러분은 이제 다음과 같이 고백할 수 있게 되었습니다.

> 내가 그리스도와 함께 십자가에 못 박혔나니 그런즉 이제는 내가 사는 것이 아니요 오직 내 안에 그리스도께서 사시는 것이라 이제 내가 육체 가운데 사는 것은 나를 사랑하사 나를 위하여 자기 자신을 버리신 하나님의 아들을 믿는 믿음 안에서 사는 것이라 (갈 2:20)

예수님의 피로 화목하게 됨

조금 전에 우리가 읽었던 신사와 노예의 이야기에서 여러분은 이 두 사람 중 정말 도움이 절실하게 필요한 사람은 누구라고 생각합니까? 노예입니까? 아니면 신사입니까? 말할나위 없이 물론 '노예'겠지요.

하나님과 우리 사이에도 마찬가지입니다. 하나님 편에서 우리와 화해하실 필요가 없습니다. 정녕 하나님과 화해가 필요한 쪽은 바로 우리이기 때문입니다.

> 아버지께서는 모든 충만으로 예수 안에 거하게 하시고 그의 십자가의 피로 화평을 이루사 만물 곧 땅에 있는 것들이나 하늘에 있는 것들이 그로 말미암아 자기와 화목하게 되기를 기뻐하심이라 전에 악한 행실로 멀리 떠나 마음으로 원수가 되었던 너희를 이제는 그의

육체의 죽음으로 말미암아 화목하게 하사 너희를 거룩하고 흠 없고 책망할 것이 없는 자로 그 앞에 세우고자 하셨으니 (골 1:19-22)

하나님께서는 끊임없이 우리 인간과 사랑의 교제 나누기를 간절히 원하셨지만 우리의 죄가 하나님과 우리 사이를 지금까지 갈라놓았습니다. 우리를 향하신 하나님의 사랑은 결코 변함이 없으십니다. 그러나 바로 죄 때문에 하나님께서는 우리가 당신과의 막힘없는 교제 안에 죄가 들어오는 것을 허락하실 수가 없었던 것입니다.

앤드류 머레이가 여기에 관한 놀라운 깨달음을 그의 책 『보혈의 능력(The Power of the Blood)』에서 잘 설명하고 있습니다.

"죄는 이중효과를 나타냅니다. 즉 우리에게만 영향을 미치는 것이 아니라 하나님께도 영향을 미칩니다. 하지만 이 둘 중에서도 하나님께 미치는 영향이 훨씬 더 무섭고 심각합니다. 사실 죄가 우리를 장악할 권세가 있는 것도 죄가 하나님께 미치는 영향 때문입니다. 다시 말하자면 만유의 주 되신 하나님께서는 결단코 죄를 간과하실 수 없는 분이시라는 말입니다. 따라서 죄가 슬픔과 죽음을 가져올 수밖에 없다는 것은 변치 않는 '하나님의 법'인 것입니다(롬 6:23)."

하나님께서 구약시대에 이스라엘 백성들에게 하나님 앞에

제사를 드리도록 가르치셨습니다. 이때 희생제물로 드려지는 짐승들은 사실상 이스라엘 백성들이 짊어져야 할 죄의 형벌을 대신 떠맡고 죽임을 당한 것을 상징적으로 보여주는 것이었습니다. 그러나 이와 같은 제사는 쉬지 않고 끊임없이 되풀이 되어야만 했습니다.

히브리서 기자는 구약은 신약의 '그림자'라고 했습니다(히 10:1). 구약에서 이스라엘 백성들의 죄를 대신해서 희생제물로 죽임을 당했던 짐승은 신약에서 온 인류의 죄를 위해 죽임을 당하실 예수 그리스도의 그림자였다는 말입니다. 신약은 더 이상 그림자가 아닌 실체 곧 예수 그리스도 자신을 우리에게 내어 주었습니다. 그리스도께서 희생제물이 되셔서 우리의 죄를 대신 지시고 단 한번 그리고 영원히 죽으심으로 우리를 하나님과 다시 화목하게 하신 것(히 10:10)이 바로 그것입니다. 하나님은 공의의 하나님이셨기에 죄의 대가를 요구하셔야만 했고 하나님은 사랑의 하나님이셨기에 그 대가를 스스로 지불하신 것입니다.

이제 하나님께서는 우리 모두에게 이와 같은 화해의 메시지를 온 세상에 전할 새로운 책임을 부여해 주셨습니다.

> 모든 것이 하나님께로서 났으며 그가 그리스도로 말미암아 우리를 자기와 화목하게 하시고 또 우리에게 화목하게 하는 직분을 주셨으니 곧 하나님께서 그리스도 안에 계시사 세상을 자기와 화목하게 하시며 그들의 죄를 그들에게 돌리지 아니하시고 화목하게 하는 말씀

을 우리에게 부탁하셨느니라 (고후 5:18-19)

예수님 당시에 이스라엘 백성을 제외한 모든 이방사람들은 하나님께서 이스라엘 백성들과 맺으셨던 구약시대의 언약과 상관이 없다는 이유로 하나님의 백성에서 제외되었습니다. 그들은 "이스라엘 나라 밖의 사람이라 약속의 언약들에 대하여는 외인이요 세상에서 소망이 없고 하나님도 없는 자"(엡 2:12)라고 여겨졌습니다.

하지만 예수님께서 십자가에서 흘리신 피로 말미암아 이스라엘 백성들 곧 유대인과 이방사람들이 하나가 되었습니다. 예수님께서 이들 사이에 막혔던 담을 허셨고 이 둘을 한 몸으로 하나님과 화목하게 하시려고 이 둘 사이의 원수 된 것을 십자가로 소멸하신 것입니다(엡 2:13-14, 16).

예수님께서는 이방인들을 더 이상 외인이나 낯선 사람이 아닌 "성도들과 동일한 시민이요 하나님의 권속"(엡 2:19)으로 삼아 주셨습니다.

하나님과 사람 사이에 그리고 사람과 사람 사이에 놓여진 분열과 미움의 담을 허는 것이 새로운 언약(신약)의 중재자로서 예수님께서 이루셔야 할 위대한 업적 중 하나였습니다. 다음 장에서 이 주제에 관해 더 깊게 다루어 보겠습니다.

chapter 12

우리의 중재자

1993년 가을이었습니다. 나는 TV를 보다가 놀라움을 감출 수가 없었습니다. 왜냐하면 수세기 동안 그토록 서로 깊은 적대감을 가져왔던 팔레스타인 조약기구(PLO)와 이스라엘이 일련의 평화 협정 체결에 서명하는 것을 보았기 때문입니다. 순간 내게 떠오르는 질문은 이 양세력의 대표들이 그저 이번 주말에 단 한 번 만남으로 이런 결과를 가져올 수 있었을까? 하는 것이었고 그 대답은 역시 'NO' 였습니다. 양세력 간에 이와 같은 역사적인 평화 협정이 체결될 수 있었던 것은 오직 제 3자(중재자)를 통해 수년간에 걸쳐서 이루어진 협상의 결과였던 것이었습니다.

주 예수님께서는 우리를 위해 피를 흘리심으로 하나님과 우리 사이에 중재자가 되셨습니다.

> 이로 말미암아 그는 새 언약의 중보자시니 이는 첫 언약 때에 범한 죄에서 속량하려고 죽으사 부르심을 입은 자로 하여금 영원한 기업의 약속을 얻게 하려 하심이라 (히 9:15)

인류는 항상 중재자를 필요로 해 왔습니다. 그러기에 욥은 "사람과 사람 사이에 서로를 위해 변호해 주는 사람이 있듯이 하나님과 사람 사이에도 그런 변호인이 있기를 원한다" (욥 16:21)[8]고 했습니다.

구약시대에는 영적인 문제에 관한 한 대제사장이 이스라엘 백성들의 법적인 대변자가 되었습니다. 하지만 대제사장으로서도 마음대로 할 수 없는 문제들이 있었기에 한 때 이스라엘의 대제사장이었던 엘리는 이렇게 물었습니다.

> 사람이 사람에게 범죄하면 하나님이 심판하시려니와 만일 사람이 여호와께 범죄하면 누가 그를 위하여 간구하겠느냐 (삼상 2:25)

자신의 피를 흘리심으로 말미암아 예수님께서 오늘날 우리

---

[8] 우리말 성경에는 "사람과 하나님 사이에와 인자와 그 이웃 사이에 중재하시기를 원하노니"라고 번역되었다.

의 대제사장이 되셨습니다. 이것은 곧 하나님 앞에서 우리를 대변할 수 있는 대변자로서의 법적인 지위와 권세가 예수님께 부여된 것입니다. 첫 언약 때에 범한 죄를 속량하시기 위해 죽음을 대가로 지불하시고 십자가를 지신 예수님께서 새 언약의 중보자가 되셨다(히 9:15)는 말입니다.

우리의 중보자이신 예수님께서는 이제 하나님 앞에서 우리를 위해 대변하시며 중재하고 계십니다. 사도 바울은 이런 예수님을 가리켜 "죽으실 뿐 아니라 다시 살아나신 이는 그리스도 예수시니 그는 하나님 우편에 계신 자요 우리를 위하여 간구하시는 자시니라"(롬 8:34)고 했습니다. 여기에서 '간구하다'의 헬라어는 '엔툰카노'로 '누구와 만나다' 또는 '탄원하다'의 뜻을 가지고 있습니다.

뿐만 아니라 주님은 우리의 대제사장이시기에 그 어떤 이유로도 결단코 죄가 우리를 삼킬 수 없습니다. 주님은 영원토록 계시는 우리의 대제사장이시며 우리를 위해 간구하시는 분이시기 때문입니다.

> 그러므로 자기를 힘입어 하나님께 나아가는 자들을 온전히 구원하실 수 있으니 이는 그가 항상 살아 계셔서 그들을 위하여 간구하심이라 (히 7:25)

예수 그리스도께서 하나님 앞에 우리의 중재자가 되실 수 있었던 오직 한 가지 이유는 바로 그분 자신이 하나님이신 동시에 또한 인간이셨기 때문입니다.

> 사람의 모양으로 나타나사 자기를 낮추시고 죽기까지 복종하셨으니 곧 십자가에 죽으심이라 (빌 2:8)

> 자녀들은 혈과 육에 속하였으매 그도 또한 같은 모양으로 혈과 육을 함께 지니심은 죽음을 통하여 죽음의 세력을 잡은 자 곧 마귀를 멸하시며 (히 2:14)

오직 예수님만이 하나님이 어떠한 분이신지 그리고 사람이 어떠한지 아시기에 하나님이 어떠한 분이신지 사람에게 말해 줄 수 있으며 사람의 입장과 하나님의 입장 모두를 이해할 수 있는 분이십니다. 또한 우리가 시험을 당할 때 주님께서는 "나도 똑같은 시험을 당했었다."고 말함으로 하나님께 우리를 변호하실 수 있는 것입니다.

주님께서는 죄가 없으시지만 친히 우리의 죄를 담당하셨습니다. 부정한 상태에 있던 우리를 그저 상징적으로만 깨끗하게 하신 것이 아니라 우리가 실제로 지은 죄로부터 우리를 깨끗하게 하셨습니다. 오랫동안 하나님과 우리 사이에 놓여있던 장벽, 그래서 하나님과 우리 사이에 불화를 야기시켜 왔던 장벽을 무너뜨리고 이제는 우리가 하나님을 "아빠 아버지"(막 14:36)라

부르며 다시 그분과 화목하며 교제할 수 있게 된 것은 오직 '예수님께서 십자가에서 흘리신 그분의 피' 때문입니다.

> 우리에게 있는 대제사장은 우리의 연약함을 동정하지 못하실 이가 아니요 모든 일에 우리와 똑같이 시험을 받으신 이로되 죄는 없으시니라 (히 4:15)

비록 예수님께서는 "거룩하고 악이 없고 더러움이 없고 죄인에게서 떠나 계시고 하늘보다 높이 되신 이라"(히 7:26)십니다. 그럼에도 불구하고 그분은 우리의 연약함을 경험하셨습니다(히 4:15).

그러기에 히브리서 기자는 "그러므로 우리는 긍휼하심을 받고 때를 따라 돕는 은혜를 얻기 위하여 은혜의 보좌 앞에 담대히 나아갈 것이니라"(히 4:16)고 우리에게 권면하고 있습니다. 이토록 놀라운 은혜의 주님은 결코 여러분을 정죄하시는 분이 아닙니다. 여러분을 위해 죽기까지 사랑하신 분이십니다.

> 하나님은 한 분이시요 또 하나님과 사람 사이에 중보자도 한 분이시니 곧 사람이신 그리스도 예수라 그가 모든 사람을 위하여 자기를 대속물로 주셨으니 (딤전 2:5-6)

예수님께서 우리의 죄 값을 지불하셨기 때문에 하나님께서는 우리가 죄와 사망의 구덩이에서 벗어나서 자유하게 되었다고 선포하신 것입니다.

> 만일 일천 천사 가운데 하나가 그 사람의 중보자로 함께 있어서 그의 정당함을 보일진대 하나님이 그 사람을 불쌍히 여기사 그를 건져서 구덩이에 내려가지 않게 하라 내가 대속물을 얻었다 하시리라 (욥 33:23-24)

그러므로 여러분! 우리의 중재자이신 예수님께로 나아오지 않겠습니까? 예수님께서는 "내가 곧 길이요 진리요 생명이니 나로 말미암지 않고는 아버지께로 올 자가 없느니라"(요 14:6)고 우리에게 말씀하고 계십니다.

우리의 입장을 변호하시는 예수님

우리는 이제 예수 그리스도께서 우리의 중재자이심을 알았습니다. 하지만 주님께서는 우리를 위해 이보다 훨씬 더 많은 일들을 하고 계십니다. 중재자로서 그분의 역할 속에는 하나님 앞에서 우리의 입장을 지지하시며 우리를 옹호하시며 우리를 위해 탄원하시는 역할 즉 다시 말해서 우리를 변호하시는 역할 또한 포함되어 있습니다.

> 나의 자녀들아 내가 이것을 너희에게 씀은 너희로 죄를 범하지 않게
> 하려 함이라 만일 누가 죄를 범하여도 아버지 앞에서 우리에게 대언
> 자[9]가 있으니 곧 의로우신 예수 그리스도시라 (요일 2:1)

　사탄은 굽힐 줄 모르고 끊임없이 우리를 유혹하기 때문에 많은 그리스도인들은 자신들이 하나님과의 교제를 제대로 나누고 있지 못함을 발견합니다. 바로 이와 같은 때에 누군가 이들의 입장을 대변해 줄 사람이 이들에게는 필요합니다.
　하지만 예수님께서 무턱대고 죄인의 입장을 위해 변호하시지는 않습니다. 오직 예수님의 피가 우리의 마음에 적용될 때 비로소 예수님께서는 우리의 변호인이 되십니다. 이렇게 될 때 우리는 "주는 나를 돕는 이시니 내가 무서워하지 아니하겠노라"(히 13:6)고 담대히 말할 수 있습니다.

주님께서 흘리신 보혈로 인해 얻는 담대함

　우리 주 예수님께서 하나님 아버지 우편에 앉아 계시기 때문에 우리는 담대히 하나님의 보좌 앞에 나아갈 수 있습니다.

---

[9] 영어성경에는 'an Advocate'라고 번역되어 있는데 우리말로 해석하자면 우리를 좋게 말해 주는 사람, 옹호자, 즉 '변호사'의 뜻에 가장 가깝다.

> 그러므로 형제들아 우리가 예수의 피를 힘입어 성소[10]에 들어갈 담력을 얻었나니 그 길은 우리를 위하여 휘장 가운데로 열어 놓으신 새로운 살 길이요 휘장은 곧 그의 육체니라 또 하나님의 집 다스리는 큰 제사장이 계시매 우리가 마음에 뿌림을 받아 악한 양심으로부터 벗어나고 몸은 맑은 물로 씻음을 받았으니 참 마음과 온전한 믿음으로 하나님께 나아가자 (히 10:19-22)

우리가 하나님의 보좌 앞에 나아갈 담대함을 얻을 수 있었던 것은 다름 아닌 그리스도의 희생 때문입니다. 우리가 여전히 죄 가운데 있다면 세상에 제 아무리 담력이 큰 사람도 하늘의 문을 열 수 없습니다. 오직 우리가 "예수님의 피를 의지하고 왔습니다."라고 고백할 때 우리는 하나님 계신 곳에 들어가게 됩니다.

만일 여러분이 예수님께서 이루어 놓으신 구원의 능력을 체험하기를 간절히 원한다면 히브리서 10장 19-20절을 주목해 보십시오. 이 말씀은 그리스도께서 흘리신 피로 말미암아 이제는 우리가 자유롭게 들어갈 수 있도록 우리에게 열려있는 지성소에 관해서 말하고 있습니다. 이 말씀 속에는 하나님께서 우리를 위해 예비하신 4가지 것들이 들어있습니다.

1. 성소 또는 가장 거룩한 곳, 즉 하나님께서 임하여 계신 곳
2. 예수님의 피

---

10) 우리말 성경에는 '성소'라고 되어있으나 원래 의미는 '지성소'이다.

3. 새로운 살 길

4. 대제사장

여기에 대한 응답으로 우리는 다음 4가지 것으로 하나님 앞에 나아가도록 성경은 가르쳐 주고 있습니다.

1. 참 마음
2. 온전한 믿음
3. 악한 양심으로부터 피뿌림을 받은 마음
4. 맑은 물로 씻음 받은 몸

예수 그리스도께서 흘리신 피는 우리가 하나님 앞에 나아갈 때 우리가 갖게 되는 어떠한 두려움도 다 제거하십니다.

> 그러므로 우리는 긍휼하심을 받고 때를 따라 돕는 은혜를 얻기 위하여 은혜의 보좌 앞에 담대히 나아갈 것이니라 (히 4:16)

예수님께서 하나님께로 돌아가신 후 제자들은 온 세상을 다니며 십자가의 메시지를 전했습니다. 그들은 결코 두려움 없이 복음을 전했으며 예루살렘에 있는 성전에서 제사장들로부터 심문을 받을 때에도 조금도 겁내지 않았습니다.

> 그들이 베드로와 요한이 담대하게 말함을 보고 그들을 본래 학문 없는 범인으로 알았다가 이상히 여기며 또 전에 예수와 함께 있던 줄도 알고 (행 4:13)

새롭게 모인 예루살렘 교회에서 성도들은 제자들을 위해 다음과 같이 기도했습니다.

> 주여 이제도 그들의 위협함을 굽어보시옵고 또 종들로 하여금 담대히 하나님의 말씀을 전하게 하여 주시오며 손을 내밀어 병을 낫게 하시옵고 표적과 기사가 거룩한 종 예수의 이름으로 이루어지게 하옵소서 (행 4:29-30)

이들의 기도는 응답되었습니다.

> 빌기를 다하매 모인 곳이 진동하더니 무리가 다 성령이 충만하여 담대히 하나님의 말씀을 전하니라 (행 4:31)

그러므로 여러분도 이제 믿음으로 두려움을 내어 쫓기를 바랍니다.

> 악인은 쫓아오는 자가 없어도 도망하나 의인은 사자 같이 담대하니라 (잠 28:1)

영원한 유산

또한 "부르심을 입은 자로 하여금 영원한 기업(유산)의 약속을 얻게 하려 하심이라"(히 9:15) 그리스도께서는 우리를 위해 피를 흘리시고 우리의 중재자가 되셨습니다. 하나님께서 우리에게 약속하신 이 유산은 단지 오늘을 위한 것만이 아닙니다. 이것은 영원한 것입니다. 그러기에 이것은 영원한 유산입니다.

히브리서 기자는 예수님의 새 언약을 마지막 유언에 비유해서 설명하고 있습니다.

> 유언은 유언한 자가 죽어야 되나니 유언은 그 사람이 죽은 후에야 유효한즉 유언한 자가 살아 있는 동안에는 효력이 없느니라 (히 9:16-17)

다른 말로 하자면 예수 그리스도의 죽음이 우리의 영원한 유산을 보장하는 보혈의 능력에 사실상 효력을 부여했다는 말입니다.

어떤 사람들은 우리가 장차 천국에 가면 예수님께서 우리가 이 세상에서 어떻게 살았는가 하는 기준에 따라 우리를 심판하시고 상급으로 우리에게 황금으로 지은 맨션을 주실 것이라고 생각합니다. 하지만 이것은 사실이 아닙니다. 성경은 우리의 유산이 영원하다고 했습니다. 즉 이것은 지속적인 소유를 뜻합니다.

따라서 우리에게 한 상급이 주어지면 이어서 또 다른 상급이 있다고 나는 믿습니다. 그것은 마치 영원히 끝이 없는 크리스마스와 같을 것입니다.

성경은 여기에 대해 "하나님이 자기를 사랑하는 자들을 위하여 예비하신 모든 것은 눈으로 보지 못하고 귀로 듣지 못하고 사람의 마음으로 생각하지도 못하였다 함과 같으니라"(고전 2:9)고 말하고 있습니다.

베드로 사도 또한 "썩지 않고 더럽지 않고 쇠하지 아니하는 유업을 잇게 하시나니 곧 너희를 위하여 하늘에 간직하신 것이라"(벧전 1:4)고 말했습니다. 나는 장차 하나님의 영광 앞에 이르게 되었을 때 나를 위해 예비하신 유산이 어떤 것일까 궁금합니다.

우리가 예수님의 피로 구원을 얻게 되면 구약성경과 신약성경에 약속된 하나님의 모든 약속의 말씀이 다 우리의 것입니다.

> 너희가 그리스도의 것이면 곧 아브라함의 자손이요 약속대로 유업을 이을 자니라 (갈 3:29)

우리 자신의 의로운 행위 때문에 우리가 유산을 물려받을 자격이 있는 것이 아니고 오직 하나님의 긍휼하심을 따라 하나님의 은혜를 힘입어 의롭다 하심을 얻음으로 영생의 소망을 따라 상속자가 되게 하려 하시는(딛 3:4, 7) 하나님의 은혜 때문입니다.

너무나 많은 사람들이 결코 자신의 유산을 바라볼 수 없으리라는 두려움에 사로잡혀 있습니다. 그 이유는 그들이 하나님의 그 엄청난 은혜를 이해하지 못하기 때문입니다.

chapter 13

놀라운 은혜

어떤 사람이 자기가 새로 산 조그만 트럭을 타고 뉴멕시코 주에 있는 한 먼지나는 도로를 달리고 있었습니다. 한참 동안 트럭을 몰고 가던 이 운전사는 도로가에 서서 지나가는 차를 기다리던 어떤 히치하이커[11]를 발견하였습니다. 그 히치하이커는 어깨에 꽤 무거워 보이는 커다란 짐을 지고 있었으며, 내리쬐이는 햇빛 탓인지 몹시 지쳐 보였습니다. 트럭 운전사는 차를 멈추고 물었습니다.

---

11) 미국에서 도보로 여행을 하는 사람이 지나가는 아무 차나 세워서 편승하는 것을 히치하이크(hitch-hike)라 하고, 이렇게 하는 사람을 가리켜 히치하이커(hitch-hi-ker)라고 한다.

"어디까지 가시죠?"

"아부커쿠까지요."

"뒤에 타요. 거기까지 태워다 드리죠."

한참 가다가 트럭 운전사는 뒷거울을 통해 그 사람이 여전히 자기 짐을 어깨에 메고 있는 것을 보고 놀랐습니다. '짐을 내려놓지 않고 왜 저러고 있지?'라고 이 운전사는 의아해 했습니다. 마침내 트럭을 다시 세우고 짐칸에 앉아 있는 그 사람에게 다가가서 물었습니다.

"왜 짐을 내려놓지 않는 거죠?"

그러자 그 히치하이커는 이렇게 대답했습니다.

"아, 그건 말이죠 당신의 새 트럭에 흠집을 내면 안 되니까요."

나는 이 히치하이커와 똑같은 사람들을 수없이 만나보았습니다. 그들은 구원의 바퀴는 달고 있었지만 여전히 자기들의 무거운 짐은 그대로 지고 있었습니다. 여러 차례에 걸쳐서 예수님께서는 그들에게 말씀하십니다.

"그 짐을 내려놓아라. 내가 대신 지어주마"라고, 하지만 그들은 자기 스스로의 노력에 자부심을 가지며 "아니오, 주님, 제가 할 수 있어요."라고 말합니다.

그들이 계속 이렇게 자기 노력으로 하늘 나라에 들어가려고 한다면 어떻게 자신들이 예수님의 피로 구원을 얻었다고 믿을 수 있겠습니까?

규칙들

왜 그런지 모르지만 사람들은 자기들이 뭔가 해야 한다고 생각합니다. 일부 잘못된 종교에서는 하루에 다섯 번씩 모여서 기도하는 예식을 지키기도 합니다.

어떤 종교는 추종자들에게 신성한 강에 가서 그들의 몸을 정결하게 씻어야 한다고 가르치며 또는 금으로 만든 산당에 예물을 바치도록 하기도 합니다. 세상은 온통 뭔가 "해야 한다!", "해야 한다!", "해야 한다!"라고 말합니다.

일부 기독교 교단에서도 처음에는 하나님의 사랑과 성령께서 부어 주시는 은혜로 출발했다가 머지않아 인간의 행위나 노력을 첨가함으로 성령님의 임재하심을 율법주의로 바꿔 버리고 맙니다.

오늘날 교회에 다니는 많은 사람들도 교회에서 다음과 같이 가르치는 것을 들어왔습니다.

"하늘 나라에 가려면 이렇게 해야 합니다. 만일 이 규칙들을 잘 지키면 구원을 지속할 수 있지만 그렇지 않고 어기게 되면 그 대가를 치루며 고생하게 될 것입니다."

그런 다음 따라야 할 행동지침 내지는 강령이 차례로 하나, 둘, 셋, 넷… 죽 적혀있는 목록을 받게 됩니다. 그들은 결국 주어진 규칙과 율법대로 살려고 합니다. 이렇게 하는 것이 어쩌면 뭔가 해야만 존재의 가치를 느끼는 인간 본성 때문인지도 모릅니다. 이런 식으로 부자 중에는 우리는 뭔가 행함으로 하나님을 기쁘시게 한다라고 잘못 믿고 있습니다.

예수님을 믿고 나서 나는 놀랄 수밖에 없었습니다. 왜냐하면 너무나 많은 사람들이 교회는 다니지만 그들이 예배의식과 스스로 만든 영적인 틀에 얽매여 있는 것을 보았기 때문입니다. 한번은 교회에서 어떤 자매가 나를 앉혀놓고, "이보게 젊은이, 머리를 기르는 것이 죄라는 사실을 모르는가?"라고 하면서 하나님께서 정확히 몇 센티까지 내 머리 자르기를 원하시는지까지 말해 주었습니다.

많은 그리스도인들이 거룩함을 종교적인 겉모습과 관계지어 생각하지만 사실은 마음 속에서부터 근본적으로 변화되는 것이 거룩함입니다. 우리의 속사람이 변화되면 우리의 겉사람도 자연히 변화된 삶을 나타낼 수밖에 없습니다.

어떤 사람들은 거룩함이란 율법주의나 행위에 의해서 얻어질 수 있는 것이 결코 아니라는 사실을 깨닫는데 평생 걸리기도 합니다. 율법주의는 우리의 육에 속한 것이며 우리의 육으로부터 말미암기 때문에 하나님께서는 여기에 관심이 없으십니다. 진실로 올바른 삶이란 바로 우리가 하나님의 은혜에 감격해서 그 은혜에 대한 우리의 반응을 삶으로 옮기는 것입니다.

내가 할 수 있는 것이 아닙니다

토론토에서 성령님을 만난 후로 나는 많은 시간을(때로는 하루에 여덟 시간까지도) 기도하면서 주님과 교제를 나누며 말씀을 공부하는데 보냈습니다. 하루는 마르틴 루터에 관한 책을 읽다가 주님께서 어떻게 마르틴 루터를 사용해서 그 당시 교회에 오직 믿음으로 의에 이른다는 메시지를 전하게 되었는지 읽게 되었습니다.

그 책의 한 부분은 전체가 사도 바울이 율법의 저주에서 어떻게 자유할 수 있는지 설명하는 갈라디아서에 초점을 맞춘 내용이었습니다. 이 부분을 읽고 난 후 주님께서 나의 영 가운데 이렇게 물으시는 것을 들었습니다.

"네가 구원함을 받은 것이 네 자신 때문이냐? 아니면 내 피의 공로 때문이냐?"

"주님께서 나를 구원하셨습니다."라고 대답했습니다.

"그러면 네가 나를 선택했느냐?"라고 성령님께서 다시 물으셨습니다.

"아닙니다. 주님께서 저를 선택하셨습니다."

"너의 죄를 깨닫게 한 것이 네 자신이냐?"

"아닙니다. 주님께서 저로 하여금 죄를 깨닫게 하셨습니다."

"그러면 너를 십자가로 인도한 것이 네 자신이 한 일이냐?"

"아닙니다. 주님께서 저를 십자가로 인도해 주셨습니다."

그러자 주님께서 말씀하셨습니다.

"네가 구원함을 얻는데 아무것도 한 것이 없듯이 네 구원을 지속시키는 것도 너와 아무런 상관이 없다."

바로 그 순간 내가 하나님의 은혜를 얻기 위해 할 수 있는 것이 아무것도 없다는 것을 깨달았습니다. 내 육신으로 이룰 수 있는 문제가 아니라 오직 그리스도의 피와 그분의 은혜로만 가능한 문제이기 때문입니다.

우리 모두는 그래도 할 말이 있는 것 같습니다. "내 힘으로 해야 돼." 우리 힘으로 주님께서 하신 일을 증명할 수 있을지는 몰라도 우리 힘으로 주님의 일을 할 수는 없습니다. 거듭 반복해서 우리가 깨닫는 것은 우리 힘으로 뭔가 해보려 해도 남는 것은 실패 뿐입니다. 우리가 정말로 이 진리의 삶에 첫 걸음을 내딛게 되는 때는 바로 우리가 완전한 항복을 선언하고 마침내 "저는 할 수 없습니다."라고 고백할 때입니다.

1975년 나는 온테리오의 브락빌에서 열린 모임에서 말씀을 전하고 있었습니다. 마침 데이빗 듀 플레시스[12]도 함께 강사로 왔었습니다. 모임이 끝나고 호텔로 돌아오는 길에 내 인생 처음으로 그와 함께 차 뒷자석에서 만날 기회가 있었습니다. 데이빗은 매우 조용한 사람이었고 어디를 가든지 항상 그의 손가방을 가지고 다녔습니다. 호텔에 도착해서 그와 함께 엘리베이터에 올라탔을 때 내 심장은 두근두근 뛰기 시작했습니다. 믿음의 거

---

[12] 60년대 미국내 오순절 성령운동에 지대한 영향을 주었던 영적 지도자.

인과 단 둘이 엘리베이터 안에 있다는 사실에 나는 흥분을 가라앉히기 어려울 정도였습니다. 그 순간 물어보고 싶었던 많은 질문들이 나의 생각을 가득 채웠습니다.

나는 대단히 존경스러운 태도로 물었습니다.

"오순절 선생님(그때 많은 사람들에게 이렇게 알려져 있었습니다), 질문이 있는데요. 하나님을 기쁘시게 하고 싶은 마음이 제 안에 간절한데 어떻게 하면 되는지 말씀해 주시면 정말 감사하겠습니다."

데이빗은 아무런 대답도 하지 않고 그저 조용히 있었습니다. 엘리베이터가 서자, 우리는 내려서 복도로 걸어 내려가고 있었습니다. 별안간 그가 멈춰서더니 그의 손가락으로 내 가슴을 찌르면서 나를 벽으로 밀어부쳤습니다.

꿰뚫는 듯한 눈초리로 나를 바라보며 그는 이렇게 말했습니다.

"하나님을 기쁘시게 하려는 노력조차 포기해요. 당신이 할 수 있는 것이 아니니까. 오직 당신 안에 있는 그분만이 하실 수 있소."

내가 사는 한 나는 이 사건을 결코 잊지 못할 것입니다. 그리고는 그는 "잘 자요."라고 하면서 손가방을 들고 그의 방으로 걸어 갔습니다. 그때 나는 그를 바라보며 그 자리에 멍하니 서 있었습니다. 나중에 그는 나의 친한 친구가 되었고 내 인생에 지대한 영향을 끼쳤습니다.

예수님을 믿으면서 잘 믿어보려고 또 하나님을 기쁘시게 해보려고 얼마나 몸부림치며 고민하셨습니까? 어쩌면 그렇게 해도 아무 소용도 없는 것처럼 느껴질 때도 있었을 것입니다. 캐더린 쿨만 여사가 늘 말했듯이, "그렇게 노력하는 것조차 멈추고 항복하십시오." 이것이 하나님께서 당신에게 원하는 것 전부입니다.

사도 바울은 에베소 교회에 보내는 그의 편지에서 우리가 하나님의 놀라운 은혜를 어떻게 체험하는지 설명하고 있습니다. 바울은 우리가 하나님의 은혜 아래 있기 전에 어디에 있었는지부터 시작하고 있습니다.

우리는 허물과 죄로 죽었었으며(엡 2:1) 육체의 욕심을 따라 지내며 육체와 마음의 원하는 것을 하여 본질상 진노의 자녀였습니다(엡 2:3).

하지만 하나님의 지극하신 사랑과 긍휼히 여기심이 허물로 죽은 우리를 구원하사 그리스도와 함께 살리셨고 또 함께 일으키사 그리스도 예수 안에서 함께 하늘에 앉히셨습니다(엡 2:5-6). 하늘 나라도 장차 우리의 소유가 될 것입니다. 우리가 뭔가를 해서가 아니라 예수 안에 있는 우리를 향하신 그분의 자비하심과 그 은혜의 풍성하심(엡 2:7) 때문입니다.

성경은 이렇게 말하고 있습니다.

너희는 그 은혜에 의하여 믿음으로 말미암아 구원을 받았으니 이것

> 은 너희에게서 난 것이 아니요 하나님의 선물이라 행위에서 난 것이 아니니 이는 누구든지 자랑하지 못하게 함이라 (엡 2:8-9)

하나님께서는 그 은혜를 좇아 우리 죄를 예수 그리스도의 피로 덮어 주시며 우리는 믿음으로 죄 용서함을 받습니다. 이것이 모든 믿는 자들이 올바로 이해해야 할 가장 중요한 메시지입니다.

구원을 얻는데 우리가 할 일이란 아무것도 없습니다. 이 구원을 지키는데도 우리가 할 일이 아무것도 없습니다. 우리가 문득 "내가 해야할 일이 있어."라고 말할 때마다 하나님께서는 "내가 다 이루었다. 네가 할 수 있는 모든 것이라고는 그저 이 사실을 받아들이는 것뿐이다."라고 말씀하십니다.

세상의 모든 종교가 뭔가 "해야 한다."라고 말하지만 예수님께서는 "내가 다 이루었다."라고 말씀하십니다. 예수님께서 십자가 위에서 그분의 피를 흘리셨을 때 그분은 분명히 말씀하셨습니다. "다 이루었다"(요 19:30). 주님께서는 "계속될 것이다."라고 말씀하시지 않으셨습니다. 또한 예수님은 우리의 "처음이요 마지막이니"(계 1:17) 우리 믿음의 주요 온전하게 하시는 분이십니다(히 12:2).

예수님의 보혈 때문에 여러분은 이제 더 이상 법 아래 있지 아니하고 은혜 아래 있게 되었습니다(롬 6:14). 다시 말하면 여러분의 과거는 지워지고 만 것입니다. 여러분은 이제 죄에서 자유하게 되었으며 사탄에 대하여는 승리자가 되었습니다.

우리 주님께서는 여러분에게 "더 좋은 약속으로 세우신 더 좋은 언약"(히 8:6)을 주셨습니다.

여러분을 죄로부터 자유롭게 하시려고 예수님께서 친히 피를 흘리신 이상(롬 6:18, 갈 5:1) 이제 여러분은 더 이상 죄책감이나 정죄감에 사로잡힐 필요가 전혀 없습니다. 예수님께서 이루신 그 모든 것이 하나님의 은혜로 여러분의 것이 되었기 때문입니다.

이 진리의 말씀이 여러분의 영혼 속에 들어가게 되면 여러분은 다시는 "정말 내 죄가 용서함 받았을까?"라고 묻지 않을 것입니다.

두려움과 믿음

오늘날 많은 그리스도인들이 하나님에 대한 잘못된 개념을 가지고 있습니다. 어려서부터 그들은 하나님은 쇠처럼 번쩍번쩍 빛나는 눈을 가지신 무섭고 엄격한 분이시라는 인상을 받아 왔습니다. 그들이 하나님을 볼 때면 하나님은 그 손에 채찍을 들고 조금만 잘못하면 매질을 할 준비가 되어있는 그런 분으로 생각합니다.

하지만 하나님은 전혀 그런 분이 아닙니다. 비록 때때로 우리의 유익을 위해서 훈계하시기도 하지만 하나님은 언제나 부드러우시며, 자상하시며, 친절하시며, 당신의 자녀인 우리들에게 사랑을 베푸시는 분입니다.

찬송가 중에 '내 영혼아 하늘의 왕을 찬양하라' 라는 위대한 찬송의 가사를 나는 좋아합니다.

> 아버지처럼, 그분은 우리를 보살펴 주시고 아껴 주시네
> 우리의 연약함을 잘 아시는 주
> 그의 손으로 우리를 부드럽게 감싸 주시며
> 우리의 모든 적으로부터 우리를 구해 주시네

이 찬송가의 다른 가사 중에는 '꾸짖기는 더디 하시고 축복하기는 이내 참지 못하시네' 라는 구절도 있습니다. 이것은 시편 103편 8절 말씀과 똑같습니다.

> 여호와는 긍휼이 많으시고 은혜로우시며 노하기를 더디 하시고 인자하심이 풍부하시도다 (시 103:8)

하나님 앞에 나아갈 때마다 "나는 부정한 죄인입니다. 나는 패배자입니다."라고 말하는 사람은 진정 하나님의 은혜가 어떠한 것인지 알지 못하는 사람입니다.

우리가 법에 묶여 있으면 우리 인생의 모든 초점은 죄에 맞춰

질 것입니다. 물론 우리가 우리 죄를 자백하고 용서를 구할 필요가 있습니다. 하지만 하나님 앞에 두려움으로 나오는 것과 확신을 가지고 나오는 것에는 커다란 차이가 있습니다.

우리가 하나님 앞에 우리의 죄를 고백하는 것 이면에는 예수님께서 갈보리에서 이루신 일이 우리를 심판하기 위해서가 아니라 우리를 자유하게 하려는 것임을 분명히 믿는 믿음이 있어야 하는 것입니다. 더 이상 여러분의 실패를 바라보지 마십시요. 이제는 하나님의 자비하심을 바라보십시오. 하나님께서는 여러분을 한쪽에 제쳐놓기를 원치 아니하십니다. 오히려 당신의 팔로 여러분을 감싸시며 "널 사랑한다."라고 말씀하시기를 간절히 원하십니다.

하나님께서 거듭 말씀하십니다.

"내가 관심있는 것은 네가 무엇을 했느냐가 아니라 너의 마음이다. 나는 네가 나를 사랑하기 원한다. 그러면 자연히 너는 나를 순종하게 될 것이다."

혹 여러분은 구약에서 하나님은 법을 말씀하셨지 사랑을 말씀하시지 않으셨다고 말할지 모릅니다. 하지만 그것은 사실이 아닙니다.

모세는 이스라엘 백성에게 다음과 같이 말했습니다.

> 그런즉 네 하나님 여호와를 사랑하여 그가 주신 책무와 법도와 규례와 명령을 항상 지키라 (신 11:1)

하나님께서 이스라엘 백성들에게 젖과 꿀이 흐르는 땅을 약속하실 때 조건을 제시하셨습니다. 이 조건은 하나님의 사랑에서 비롯된 것이지 행위에 의한 것이 아닙니다.

> 내가 오늘 너희에게 명하는 내 명령을 너희가 만일 청종하고 너희의 하나님 여호와를 사랑하여 마음을 다하고 뜻을 다하여 섬기면 여호와께서 너희의 땅에 이른 비, 늦은 비를 적당한 때에 내리시리니 너희가 곡식과 포도주와 기름을 얻을 것이요 또 가축을 위하여 들에 풀이 나게 하시리니 네가 먹고 배부를 것이라 (신 11:13-15)

하나님의 관심은 사랑이지 법이 아닙니다. 이스라엘 백성들에게 있어서 율법을 지킨다는 것은 단순히 어려운 정도가 아니라 불가능한 것이었음을 하나님은 알고 계셨습니다.
성경은 여기에 대해 이렇게 기록하고 있습니다.

> 사람이 의롭게 되는 것은 율법의 행위로 말미암음이 아니요 오직 예수 그리스도를 믿음으로 말미암는 줄 알므로 우리도 그리스도 예수를 믿나니 이는 우리가 율법의 행위로써가 아니고 그리스도를 믿음으로써 의롭다 함을 얻으려 함이라 율법의 행위로써는 의롭다 함을 얻을 육체가 없느니라 (갈 2:16)

우리의 힘으로 하나님의 뜻에 순종하는 것은 불가능합니다. 내 아내의 아버지인 로이 하던은 이렇게 말하곤 했습니다.

"예수님을 믿으며 산다는 것은 어려운 것이 아니라 불가능한 것이다."

하지만 우리에게 소망이 있습니다. 그것은 하나님께서 우리에게 성령님을 보내 주셔서 우리 안에 살게 하시고 우리로 하여금 하나님의 말씀에 순종하며 살 수 있도록 해 주시기 때문입니다. 하나님께서는 그의 선지자 에스겔을 통하여 "또 내 영을 너희 속에 두어 너희로 내 율례를 행하게 하리니 너희가 내 규례를 지켜 행할지라"(겔 36:27)라고 말씀하셨습니다.

초대교회의 성도들 역시 우리가 행위로 의롭다 함을 얻는 것이 아니라 하나님을 믿는 믿음으로만 의롭다 함을 얻는다는 진리를 배워야만 했습니다.

사도행전 15장 1절 말씀에 어떤 사람들이 유대로부터 내려와서 형제들을 가르치되 "너희가 모세의 법대로 할례를 받지 아니하면 능히 구원을 받지 못하리라" 한 내용과 그 후에 일어난 일들이 바로 이것을 증명해 주고 있습니다.

못 지키면 죽어야 돼!

이에 제자 중 몇 사람을 예루살렘에 보내 이 문제를 해결하도록 했습니다. 많은 변론이 있은 후에 베드로는 일어나서 이렇게 말합니다.

> 형제들아 너희도 알거니와 하나님이 이방인들로 내 입에서 복음의 말씀을 들어 믿게 하시려고 오래 전부터 너희 가운데서 나를 택하시고 또 마음을 아시는 하나님이 우리에게와 같이 그들에게도 성령을 주어 증언하시고 믿음으로 그들의 마음을 깨끗이 하사 그들이나 우리나 차별하지 아니하셨느니라 그런데 지금 너희가 어찌하여 하나님을 시험하여 우리 조상과 우리도 능히 메지 못하던 멍에를 제자들의 목에 두려느냐 그러나 우리는 그들이 우리와 동일하게 주 예수의 은혜로 구원 받는 줄을 믿노라 (행 15:7-11)

율법은 할례를 요구했지만 새 언약의 말씀이 요구한 것은 믿음이었습니다. 율법과 행위는 언제나 은혜와 자비의 반대였음을 기억하십시오.

첫째, 율법은 "규칙들을 지켜야 돼"라고 말하지만 은혜는 "그것은 선물이다"라고 말합니다.

둘째, 율법은 "네가 지은 죄들을 보고 부끄러워 해"라고 말하지만 은혜는 "하나님께서는 네 모습 있는 그대로 용납하신다"라고 말합니다.

셋째, 율법은 죄를 의식하게 하지만 은혜는 하나님의 의를 인식하게 합니다.

넷째, 율법은 "이렇게 못 하면 죽어야 돼"라고 말하지만 은혜는 "예수님을 구세주로 모시고 살아라"라고 말합니다.

포도나무와 그 가지

생명을 만들어 내는 것은 우리의 힘으로 할 수 있는 것이 아니고 그분의 능력입니다.

십자가에 달리시기 직전 예수님께서는 제자들과 함께 식사를 같이 하시면서 복음서에 나타난 위대한 교훈 중의 하나를 말씀해 주셨습니다. 예수님께서는 제자들에게 그들이 포도나무도 아니요 열매도 아니요 오직 가지일 뿐임을 가르쳐 주셨습니다.

우리는 하나님의 능력이 흘러나가는 통로일 뿐이지 능력 자체는 아닙니다. 예수님께서 이렇게 말씀하셨습니다.

> 나는 참포도나무요 내 아버지는 농부라 무릇 내게 붙어 있어 열매를 맺지 아니하는 가지는 아버지께서 그것을 제거해 버리시고 무릇 열

매를 맺는 가지는 더 열매를 맺게 하려 하여 그것을 깨끗하게 하시느니라 너희는 내가 일러준 말로 이미 깨끗하여졌으니 내 안에 거하라 나도 너희 안에 거하리라 가지가 포도나무에 붙어 있지 아니하면 스스로 열매를 맺을 수 없음 같이 너희도 내 안에 있지 아니하면 그러하리라 나는 포도나무요 너희는 가지라 그가 내 안에, 내가 그 안에 거하면 사람이 열매를 많이 맺나니 나를 떠나서는 너희가 아무것도 할 수 없음이라 (요 15:1-5)

하나님께서 포도원 농부로 계시는 목적은 포도나무를 깨끗하게 유지하기 위함입니다. 죄의 가지를 치는 것은 우리의 노력의 결과로 되는 것이 아니라 오직 하나님께서만 하실 수 있는 일입니다. 우리 모두에게 요구하시는 것은 항복입니다.

어떤 그리스도인들은 열매를 맺으려고 몸부림 치기도 합니다. 하지만 어떤 나뭇가지도 스스로 열매를 맺을 수 없습니다. 예수님께서는 "열매를 맺게 하는 것은 네가 아니고 나란다. 열매도 포도나무도 내 것이며 가지는 단지 나에게 붙어있을 뿐이란다. 그것이 가지의 전부다."라고 말씀하고 계십니다.

누군가 나에게 이렇게 물은 적이 있습니다.

"하나님께서 모든 것을 다하시면 내가 할 일이 도대체 뭡니까?"

"달려 있는 것이지요."라고 나는 대답했습니다.

포도나무는 가지에 생명을 공급하고 가지는 열매를 맺는 특권을 갖게 됩니다. 사실 우리가 할 일이란 열매가 우리에게 매

달려 있도록 하는 것입니다.

가지에 매달려 있는 것이 무엇인지 자세히 살펴보십시오. 이것은 성령의 열매지 육체의 열매가 아닙니다. 우리는 단지 사랑, 희락, 화평, 그리고 그 외 다른 성령의 열매(갈 5:22-23)가 맺혀지는 통로가 되는 것뿐입니다.

그러면 가지와 포도나무의 관계를 통해 얻어지는 결과가 무엇입니까?

우리가 이 관계를 이해하고 주님께서 우리 삶의 생명의 근원이 되게 할 때 주님께서는 우리의 기도를 응답해 주십니다. 예수님께서 다음과 같이 말씀하셨습니다.

> 너희가 내 안에 거하고 내 말이 너희 안에 거하면 무엇이든지 원하는 대로 구하라 그리하면 이루리라 (요 15:7)

주님께서 "나를 떠나서는 너희가 아무것도 할 수 없다."라고 하신 말씀을 절대로 잊지 마십시오. 이 말씀은 구원을 얻기 전에도 얻는 동안에도 그리고 얻은 후에도 진리입니다.

포도나무는 튼튼하고 가지는 연약합니다. 하지만 하나님께서는 가지를 사용해서 그분의 열매를 세상에 전달하십니다. 사도 바울을 통해서 성경은 이렇게 기록하고 있습니다.

> 그러나 하나님께서 세상의 미련한 것들을 택하사 지혜 있는 자들을

부끄럽게 하려 하시고 세상의 약한 것들을 택하사 강한 것들을 부끄럽게 하려 하시며 하나님께서 세상의 천한 것들과 멸시 받는 것들과 없는 것들을 택하사 있는 것들을 폐하려 하시나니 이는 아무 육체도 하나님 앞에서 자랑하지 못하게 하려 하심이라 (고전 1:27-29)

진정한 자유함

예수님의 보혈과 하나님의 은혜가 없다면 우리가 죄를 이기고 승리한다는 것은 절대적으로 불가능합니다. 바울은 육신의 죄와 싸우는 것이 어떠한지 잘 설명하고 있습니다.

우리가 율법은 신령한 줄 알거니와 나는 육신에 속하여 죄 아래에 팔렸도다 내 속 곧 내 육신에 선한 것이 거하지 아니하는 줄을 아노니 원함은 내게 있으나 선을 행하는 것은 없노라 (롬 7:14, 18)

우리 육신에 선한 것은 아무것도 없으며 우리의 의라고 해 봐야 다 해어지고 더러워진 누더기와 같습니다(사 64:6). 우리가 아무리 애써봐도 하나님을 기쁘시게 하기에 충분하게 될 수는 없습니다.

언젠가 나는 "주님, 내가 주님을 기쁘시게 할 만한 무엇인가가 반드시 있어야 되지는 않겠습니까?"라고 기도한 적이 있습니다. 그때 주님께서는 이렇게 대답해 주셨습니다.

"나의 가장 큰 기쁨은 네가 나로 하여금 네 안에서 제한없이 역사할 수 있도록 허락해 주는 것이다."

한번은 소련에 있는 어떤 목사님이 복음을 전한다는 이유로 공산당 간부들에 의해 붙들려 감옥에 간 이야기를 들은 적이 있습니다. 그들은 이 목사님을 가둬놓고 아무도 만나지 못하게 했으며 감옥문 아래로 먹을 것을 밀어 넣어 주었습니다. 수년이 지난 후 주님께서 감옥에 있는 이 목사님에게 나타나셨습니다.

이 목사님은 주님께서 자기를 찾아온 것에 대해 너무나 감사해서 주님께 이렇게 물었습니다.

"주님께 감사의 보답으로 제가 주님께 드릴 수 있는 것이 있습니까?"

주님께서는 "아니, 모든 것이 나의 것이란다."라고 대답하셨습니다.

"하지만 주님, 주님께 감사의 표시로 뭔가 제가 드릴 수 있는 것이 있어야 되지 않겠습니까?"

주님께서는 대답하셨습니다.

"네가 나에게 줄 수 있는 것이 아무것도 없단다. 너의 육신마저도 내게 속한 것이 아니냐? 너의 생명도 나의 것이 아니냐?"

하지만 이 목사님은 다시 물었습니다.

"그래도 주님, 제발 딱 한 가지만이라도 제가 주님께 드리고 싶은데요."

그러자 주님께서 말씀하셨습니다.

"그렇다면 너의 죄를 나에게 다오. 그것이 내가 원하는 것이다."

바로 이것입니다. 우리의 항복이 주님께서 우리에게 원하시는 것입니다. 우리의 죄를 주님께 드려야 합니다. 주님만이 죄를 이기실 수 있는 분이시기 때문입니다. 성경은 이렇게 말합니다.

> 주와 같은 신이 어디 있으리이까 주께서는 죄악과 그 기업에 남은 자의 허물을 사유하시며 인애를 기뻐하시므로 진노를 오래 품지 아니하시나이다 다시 우리를 불쌍히 여기셔서 우리의 죄악을 발로 밟으시고 우리의 모든 죄를 깊은 바다에 던지시리이다 (미 7:18-19)

죄악의 싸움에서 사도 바울의 해결책은 죄를 주님께 넘겨드리는 것이었습니다. 바울은 "그리스도 예수 안에 있는 생명의 성령의 법이 죄와 사망의 법에서 너를 해방하였음이라 율법이 육신으로 말미암아 연약하여 할 수 없는 그것을 하나님은 하시나니 곧 죄로 말미암아 자기 아들을 죄 있는 육신의 모양으로 보내어 육신에 죄를 정하사 육신을 따르지 않고 그 영을 따라 행하는 우리에게 율법의 요구가 이루어지게 하려 하심이니라"(롬 8:2-4)고 했습니다.

어떤 사람들은 말하기를, "기도하려고 해도 결국 못 하고 맙니다. 성경을 보려고 하면 웬 잡다한 생각들이 그렇게 떠오르는지 모르겠어요. 내 습관을 고쳐보려고 애써봤지만 할 수가 없어요."

계속해서 그들은 말합니다.

"주님, 한 번 더 시도해 보겠습니다." 그리고는 여전히 실패합니다. 수년이 지난 후에 마침내 그들은 하나님께서 원하시는 기도를 드리게 됩니다.

"주님, 저는 할 수 없습니다. 주님께서 해 주셔야겠습니다."

그리고는 그들은 빌립보서 2장 13절 말씀이 무슨 뜻인지 배우게 됩니다.

> 너희 안에서 행하시는 이는 하나님이시니 자기의 기쁘신 뜻을 위하여 너희에게 소원을 두고 행하게 하시나니 (빌 2:13)

별안간 그들은 변화되어 예수님을 위해 사는 것이 얼마나 쉬운 일인지 발견하게 됩니다. "내 멍에는 쉽고 내 짐은 가벼움이라"(마 11:30)는 예수님의 말씀을 깨닫게 됩니다.

약물 중독자에게 주님께서는 "네 스스로 자유하고자 하는 노력을 중단하라!"고 말씀하시고 알콜 중독자에게는 "네 힘으로는 절대로 술을 끊을 수 없단다."라고 말씀하시며 담배 피우는 사람에게는 "나로 하여금 너를 만져서 너를 자유하게 하게 하라."고 말씀하십니다.

예수님께서는 말씀하십니다.

예수께서 대답하시되 진실로 진실로 너희에게 이르노니 죄를 범하는 자마다 죄의 종이라 종은 영원히 집에 거하지 못하되 아들은 영원히 거하나니 그러므로 아들이 너희를 자유롭게 하면 너희가 참으로 자유로우리라 (요 8:34-36)

성도 여러분! 여러분의 힘으로 여러분의 문제를 결코 해결할 수 없다는 것을 명심하기 바랍니다. 성경은 분명히 말합니다.

이는 힘으로 되지 아니하며 능력으로 되지 아니하고 오직 나의 영으로 되느니라 (슥 4:6)

캐더린 쿨만 여사가 한 말을 기억하십시오.
"해 보려는 노력조차 중단하고 항복하십시오."

chapter 14

아버지의 손

　내 큰 딸 제시카가 막 걸음마를 배울 때쯤 제시카를 데리고 숲속으로 산책을 갔던 일이 생각납니다. 약간 경사진 언덕을 막 오르려던 참에 나는 손을 내밀어 제시카의 손을 잡아주었습니다. 제시카가 미끄러져 넘어지면 안 되기 때문이었습니다.

　제시카의 손은 내 손으로 잡아주기에 너무 작고 약했습니다. 하지만 제시카는 내 손을 의지하고 언덕 위로 오르고 있었습니다.

　그때 성령께서 나에게 물으셨습니다.

　"누가 너의 손을 잡고 있느냐?"

생각해 보니 제시카가 내 손을 잡고 있는 것이 아니라 내가 제시카의 손을 잡고 있었습니다. 그래서 나는 대답했습니다.

"주님께서 제 손을 잡고 계십니다."

그렇습니다. 우리 모두는 내 어린 딸 제시카와 같습니다. 하나님의 손을 우리가 붙들기에는 우리가 너무 약한 존재입니다. 그래서 하나님께서 우리의 손을 붙들고 계신 것입니다.

성경은 우리에게 이렇게 말합니다.

> 나 여호와 너의 하나님이 네 오른손을 붙들고 네게 이르기를 두려워 하지 말라 내가 너를 도우리라 할 것임이니라 (사 41:13)

옛 언약이 이것을 약속했고 새 언약 또는 이것을 보증하고 있습니다. 예수님께서는 "내가 그들에게 영생을 주노니 영원히 멸망하지 아니할 것이요 또 그들을 내 손에서 빼앗을 자가 없느니라"(요 10:28)라고 말씀하셨습니다.

내가 처음 이 성경 구절을 읽었을 때 나는 주님께 이렇게 고백했습니다.

"주님, 나를 붙들어 주시니 감사합니다."

수년이 지난 후 나는 이 말씀을 다시 공부하게 되었는데 그때 그 다음 구절을 보고서 나는 하나님을 찬양하기 시작했습니다.

> 그들을 주신 내 아버지는 만물보다 크시매 아무도 아버지 손에서 빼앗을 수 없느니라 (요 10:29)

예수님만이 나의 손을 붙들고 계신 것이 아니라 하나님께서도 내 손을 붙들고 계십니다. 하나님께서 손을 여러분에게 내미실 때 그분은 절대로 여러분을 놓지 않는다는 것을 여러분은 확신할 수 있습니다.

예수님께서 여러분의 손을 놓는 경우는 오직 여러분이 예수님을 거부하고 밀어 제칠 때 뿐입니다. 주님께서는 우리의 손을 붙드실 뿐만 아니라 우리를 옳은 길로 인도해 주십니다. 이제 우리는 하나님의 소유이기 때문에 하나님께서는 우리를 보호하시고 붙들어 주십니다.

시편 기자는 이것을 잘 묘사하고 있습니다.

> 여호와께서 사람의 걸음을 정하시고 그의 길을 기뻐하시나니 그는 넘어지나 아주 엎드러지지 아니함은 여호와께서 그의 손으로 붙드심이로다 (시 37:23-24)

> 주께서 내 생명을 사망에서 건지셨음이라 주께서 나로 하나님 앞, 생명의 빛에 다니게 하시려고 실족하지 아니하게 하지 아니하셨나이까 (시 56:13)

하나님의 은혜는 어느 순간에 나타났다가 없어지는 그런 것이 아닙니다. 하나님의 은혜를 체험하는 것도 우리가 자라는 과정의 일부분입니다.

베드로는 "오직 우리 주 곧 구주 예수 그리스도의 은혜와 그를 아는 지식에서 자라"(벧후 3:18)가야 한다고 했습니다.

그러면 어떻게 은혜 안에서 자랄 수 있을까요? 그분의 사랑과 오래 참으심, 그분의 자비와 용납하심을 배움으로 우리는 그 은혜 안에서 자라게 됩니다. 수백 번도 넘게 주님은 이렇게 말씀하십니다.

"내가 결단코 너를 저버리지 아니하리라. 내가 너를 사랑한다. 그리고 너를 용서한다."

우리가 실패하고 넘어질 때 주님은 다시 손을 내미셔서 우리를 일으켜 주십니다. 이런 식으로 우리는 그분의 은혜 안에서 점점 자라게 되는 것입니다.

은혜와 진리

성경은 예수 그리스도께서 은혜와 진리로 충만하셨다고 말합니다.

말씀이 육신이 되어 우리 가운데 거하시매 우리가 그의 영광을 보니

> 아버지의 독생자의 영광이요 은혜와 진리가 충만하더라 (요 1:14)

예수님께서는 그분 안에 충만했던 은혜와 진리를 우리에게 나타내 보여 주셨습니다.

> 율법은 모세로 말미암아 주어진 것이요 은혜와 진리는 예수 그리스도로 말미암아 온 것이라 (요 1:17)

예루살렘에 있던 성전에서 예수님께서 무리들을 가르치실 때 바리새인들이 간음하다 현장에서 붙잡힌 한 여자를 예수님께로 데리고 와서 물었습니다. "모세는 율법에 이러한 여자를 돌로 치라 명하였거니와 선생은 어떻게 말하겠나이까" (요 8:5)

예수님께서는 그들의 질문을 무시하신 채 엎드려 손가락으로 땅 위에 무엇인가 쓰고 계셨습니다. 그들이 계속 질문하자 주님께서는 일어나셔서 이렇게 말씀하셨습니다. "너희 중에 죄 없는 자가 먼저 돌로 치라" (요 8:7)

그리고는 다시 엎드리사 계속 땅 위에 무엇인가 쓰셨습니다. 그러자 사람들은 양심의 가책을 받아 다 돌아가고 오직 예수님과 그 여자만 남게 되었습니다.

그때 예수님께서는 여자를 향해 "여자여 너를 고발하던 그들이 어디 있느냐? 너를 정죄한 자가 없느냐?"라고 물으셨습니다. 그때 여자는 "주여, 없나이다."라고 대답했습니다. 이에 예수님께서 여자에게 말씀하셨습니다. "나도 너를 정죄하지 아니하노니 가서 다시는 죄를 범하지 말라"(요 8:10-11) 여기에서 주님께서 하신 말씀, 곧 "나도 너를 정죄하지 아니하노라."는 말씀이 바로 은혜입니다. "가서 다시는 죄를 범하지 말라."라는 이 말씀이 바로 진리입니다.

여자는 예수님의 은혜를 보았고 다시는 죄를 짓지 않기로 작정했습니다. 우리가 진실로 하나님의 사랑과 은혜를 체험하게 된다면 우리는 자연히 우리 죄를 버리고 주님을 따르게 될 것입니다. 주님께서는 우리가 그분의 은혜를 깨달아서 죄를 떠날 수 있을 때 까지 우리에게 더 이상 죄를 짓지 말라고 또는, 다른 것을 하라고 말씀하시지 않습니다.

주님은 먼저 우리에게 그의 명령에 순종할 수 있는 능력을 주십니다. 그래서 우리가 순종할 수 있게 됨을 아십니다. 이와 같은 방법으로 모든 계명이 실제로 우리가 지킬 수 있는 약속이 되어지는 것입니다.

두렵고 떨림

내가 하나님의 은혜를 이야기할 때마다 누군가 이렇게 질문합니다. "성경은 우리가 구원을 이뤄가야 한다고 말씀하고 있지 않습니까?"

이 말씀은 바울이 한 이야기입니다. 바울이 이렇게 말했습니다.

> 두렵고 떨림으로 너희 구원을 이루라 (빌 2:12)

우리는 이 말씀 앞뒤 문맥을 잘 살펴볼 필요가 있습니다.

> 그러므로 나의 사랑하는 자들아 너희가 나 있을 때뿐 아니라 더욱 지금 나 없을 때에도 항상 복종하여 두렵고 떨림으로 너희 구원을 이루라 (빌 2:12)

바울은 여기에서 그의 말을 끝마치지 않았습니다. 구원을 이루는 것이 우리가 할 일이 아니라 오직 주님께서만 이것을 가능하게 하신다는 말씀이 바로 그 다음 절에 나옵니다.

> 너희 안에서 행하시는 이는 하나님이시니 자기의 기쁘신 뜻을 위하여 너희에게 소원을 두고 행하게 하시나니 (빌 2:13)

그리스도인의 삶이란 하나님께서 은혜로 주신 구원을 누리며 그 구원의 삶을 사는 것입니다. 하나님을 기쁘시게 하고픈 욕망도 또 그렇게 할 수 있는 힘도 하나님께서 주시는 것입니다.

여기에 놀라운 사실이 있습니다. 우리가 하나님께서 우리 안에서 역사하시도록 우리 자신을 내어드릴 때, 비로소 하나님께서는 우리로 하여금 그분의 구원을 우리 삶 가운데 이룰 수 있도록 도와 주십니다.

> 우리는 그가 만드신 바라 그리스도 예수 안에서 선한 일을 위하여 지으심을 받은 자니 이 일은 하나님이 전에 예비하사 우리로 그 가운데서 행하게 하려 하심이니라 (엡 2:10)

주님께서 우리의 노력을 반대하시는 것이 아닙니다. 하지만 우리의 노력이라는 것도 하나님의 은혜로 지음받은 우리이기에 우리 안에서 일하시는 그분의 솜씨, 즉 그분의 역사하심의 결과로써 나타나는 노력이어야 합니다. 사실, 주님께서 우리를 구원해 주신 이유 중의 하나는 우리가 흠 없는 삶을 살도록 하기 위해서입니다.

> 곧 창세 전에 그리스도 안에서 우리를 택하사 우리로 사랑 안에서 그 앞에 거룩하고 흠이 없게 하시려고 (엡 1:4)

선한 일이란 자격도 가치도 없는 우리를 사랑하시는 하나님의 은혜를 경험한 사람들이 그 응답으로 그들 삶 가운데 자연히 맺게 되는 부산물입니다. 또한 주님께서는 우리가 그분을 사랑하고 순종하며 섬기고자 하는 마음을 주십니다. 주님께서 먼저 우리를 만지시지 않으면 우리는 결코 주님을 따라갈 수 없습니다.

예수님께서는 "나를 보내신 아버지께서 이끌지 아니하시면 아무도 내게 올 수 없으니"(요 6:44)라고 말씀하셨습니다. 성령님께서 하나님을 사랑할 수 있는 그 사랑을 우리에게 주시지 않으면 우리는 하나님을 사랑할 수 없습니다.

> 소망이 우리를 부끄럽게 하지 아니함은 우리에게 주신 성령으로 말미암아 하나님의 사랑이 우리 마음에 부은 바 됨이니 (롬 5:5)

여러분이 하나님의 사랑을 경험하게 되면 여러분도 하나님과 다른 사람을 사랑하게 될 것입니다. 여러분이 하나님의 용납하심을 경험하게 되면 여러분도 다른 사람을 용납하게 될 것입니다. 여러분이 하나님의 나눠주시는 축복을 경험하게 되면 여러분도 다른 사람들에게 나눠줄 수 있게 될 것입니다.

이 모든 것이 한 가지 간단한 원리에서 출발해서 이 원리로 돌아오는 것입니다. 이 원리란 하나님께서 우리 안에서 행하시면 우리도 그것을 행할 수 있게 되는 것 바로 그것입니다.

그러므로 우리가 부어주기 원하는 부분을 하나님께서 먼저 우리에게 부어 주시도록 해야 합니다. 하나님께서 우리 안에서 역사하시도록 먼저 하나님께 협력해 드리는 것이 첫째요, 그런 다음에 우리의 반응이 따르는 것입니다. 그러할지라도 성경은 우리의 노력으로 구원을 얻을 수 없음을 분명히 선언하고 있습니다.

> 일하는 자에게는 그 삯이 은혜로 여겨지지 아니하고 보수로 여겨지거니와 일을 아니할지라도 경건하지 아니한 자를 의롭다 하시는 이를 믿는 자에게는 그의 믿음을 의로 여기시나니 (롬 4:4-5)

우리가 선한 일을 했다고 해서 주님께서 우리에게 그만큼 빚을 지시는 것이 아닙니다. 주님께서는 아무에게도 빚을 지실 수도 또 지실 일도 결코 없습니다. 따라서 우리는 "주님, 이것은 내가 한 일이지요, 여기 청구서 받으시죠."라고 말할 수 없습니다. 우리가 뭔가를 바라고 일했다면 그것은 이미 은혜가 아니기 때문입니다.

하나님을 갈망하는 욕망마저도 하나님께서 우리 안에 먼저 넣어주시지 않으면 우리는 하나님을 갈망할 만한 아무것도 우리 안에서 발견할 수 없습니다(요 6:44).

하나님께서는 "내가 기도해서 그 일을 해내야겠어"라고 말하는 사람을 존중히 여기시지 않으실 것입니다. 오히려 하나님께서는 "그것은 너의 육신에서 나온 생각이기 때문에 원치 않는다."라고 말씀하실 것입니다. 하나님께서는 육신에서 비롯된 것은 그것이 기도이든 행위이든 인정하시지 않으십니다.

온전히 의지함

하루는 시편 119편 말씀을 읽다가 시편 기자가 "주님, 저는 할 수 없어요. 오직 주님만이 하실 수 있습니다."라고 고백한 대목을 발견했습니다. 이 시편 말씀 속에서 나는 시편 기자가 100%, 온전히 하나님을 의지했음을 보게 되었습니다.

> 주의 종을 후대하여(아낌없이 풍부하게) 살게 하소서
> 그리하시면 주의 말씀을 지키리이다 (17절)
> 내 눈을 열어서 주의 율법에서 놀라운 것을 보게 하소서 (18절)
> 나는 땅에서 나그네가 되었사오니
> 주의 계명들을 내게 숨기지 마소서 (19절)
> 내가 주의 교훈들을 지켰사오니
> 비방과 멸시를 내게서 떠나게 하소서 (22절)
> 내 영혼이 진토에 붙었사오니
> 주의 말씀대로 나를 살아나게 하소서 (25절)
> 나에게 주의 법도들의 길을 깨닫게 하여 주소서
> 그리하시면 내가 주의 기이한 일들을 작은 소리로 읊조리리이다 (27절)
> 거짓 행위를 내게서 떠나게 하시고
> 주의 법을 내게 은혜로이 베푸소서 (29절)
> 주께서 내 마음을 넓히시면

내가 주의 계명들의 길로 달려가리이다 (32절)

여호와여 주의 율례들의 도를 내게 가르치소서

내가 끝까지 지키리이다 (33절)

나로 하여금 깨닫게 하여 주소서

내가 주의 법을 준행하며 전심으로 지키리이다 (34절)

나로 하여금 주의 계명들의 길로 행하게 하소서

내가 이를 즐거워함이니이다 (35절)

내 마음을 주의 증거들에게 향하게 하시고

탐욕으로 향하지 말게 하소서 (36절)

내 눈을 돌이켜 허탄한 것을 보지 말게 하시고

주의 길에서 나를 살아나게 하소서 (37절)

주를 경외하게 하는 주의 말씀을

주의 종에게 세우소서 (38절)

내가 두려워하는 비방을 내게서 떠나게 하소서

주의 규례들은 선하심이니이다 (39절)

내가 주의 법도들을 사모하였사오니

주의 의로 나를 살아나게 하소서 (40절)

내 마음으로 주의 율례들에 완전하게 하사

내가 수치를 당하지 아니하게 하소서 (80절)

나를 붙드소서 그리하시면

내가 구원을 얻고 주의 율례들에 항상 주의하리이다 (117절)

주의 종을 보증하사 복을 얻게 하시고

> 교만한 자들이 나를 박해하지 못하게 하소서 (122절)
>
> 나의 발걸음을 주의 말씀에 굳게 세우시고
>
> 어떤 죄악도 나를 주관하지 못하게 하소서 (133절)

누가 이 모든 것을 이루게 되어 있습니까? 시편 기자입니까? 아니면 주님이십니까?

여기에서 우리는 시편 기자가 "오직 주님만이 하실 수 있습니다."라고 고백하는 것을 분명히 볼 수 있습니다. 우리가 할 수 있는 모든 것이라고는 항복함으로 주님께서 하시도록 하는 것입니다. 시편 기자가 기도한 것처럼 오늘 여러분도 여러분 안에 들어오셔서 그분의 은혜를 이루어 주시도록 주님께 기도해 보십시오.

"주여, 나의 걸음을 인도하사 나로 주와 함께 걷게 하소서."라고 성령님께서 도우시지 않으면 진정한 기도를 드릴 수 없습니다.

어느 날 내가 시편 119편 176절 말씀을 읽기까지 다른 많은 그리스도인들처럼 나도 내 힘으로 주님을 찾을 수 있다고 생각했습니다.

> 잃은 양 같이 내가 방황하오니 주의 종을 찾으소서 내가 주의 계명
> 들을 잊지 아니함이니이다 (시 119:176)

여러분이 주님을 찾을 때 주님이 먼저 여러분을 찾으셨다는 사실을 잊지 마시기 바랍니다. 토저(A.W.Tozer)가 말했듯이 "인간이 하나님을 찾을 수 있기 전에 하나님께서 인간을 먼저 찾으셨음이 틀림없습니다."

그날부터 오늘에 이르기까지 나는 매일 "주여, 나를 만지사 나로 주님을 부를 수 있게 하소서. 오늘도 주님을 찾을 수 있는 힘을 주소서."라고 기도합니다.

경건한 믿음의 사람 아삽도 시편에서 이렇게 기도했습니다. "우리를 소생하게 하소서 우리가 주의 이름을 부르리이다"(시 80:18)

그 어떤 것도 여러분이 하는 것이 아니라 주의 은혜로 되는 것입니다. 언젠가 크리스천 TV프로그램에서 놀라운 은혜의 정의를 들은 적이 있습니다. 그때 내가 배웠던 것을 다음 장에서 말씀 드리겠습니다.

chapter 15

여러분의 새 가족

어느 날 저녁에 크리스천 TV방송을 보다가 어떤 목사님께서 하나님의 은혜에 관해서 설교하는 말씀을 듣게 되었습니다.

그분이 "은혜라고 하는 것이 과연 무엇인지 말씀드리겠습니다."라고 하는 순간 내 관심은 온통 그분에게 집중되었습니다.

어떤 사람에게 아들이 하나 있었는데 불행히도 그가 죽임을 당했다고 가정해 봅시다. 하나밖에 없는 아들을 잃어버린 이 아버지에게는 세 가지 선택할 수 있는 방법이 있을 것입니다.

첫째는, 보복하는 방법입니다. 즉, 자기 아들을 죽인 사람을 죽이는 것입니다.

둘째는, 정의를 따르는 방법입니다. 법에 맡겨서 법대로 처리하도록 하는 것입니다.

셋째는, 자기 아들을 죽인 자를 용서하고 그를 자기 아들로 삼는 방법입니다.

여기서 세 번째 방법이 바로 은혜입니다.

이 은혜가 하나님께서 여러분과 나를 구원하셨던 방법입니다. 예수님께서 피를 흘리신 것은 바로 우리 죄와 우리의 연약함 때문입니다. 그분이 우리를 대신해서 희생 제물이 되사 죽임을 당하셨기 때문에 우리가 우리의 죄를 회개하고 예수 그리스도를 구주로 영접하기만 하면 하나님께서는 우리를 용서해 주십니다. 뿐만 아니라 우리를 자녀로 삼아주셔서 하나님의 가족으로 새롭게 태어나게 해 주십니다.

> 보라 아버지께서 어떠한 사랑을 우리에게 베푸사 하나님의 자녀라
> 일컬음을 받게 하셨는가 (요일 3:1)

그러므로 이 찬송가 가사가 얼마나 실감나는 고백인지 모르겠습니다.

> 나 같은 죄인 살리신 주 은혜 놀라워
> 잃었던 생명 찾았고 광명을 얻었네

우리를 사랑하시는 하나님의 은혜가 얼마나 놀라우면 예수님께서도 아버지께서 나를 사랑하심 같이 그들도 사랑하셨다 (요 17:23)고 말씀하셨겠습니까?

그분의 은혜가 얼마나 크고 놀라웠으면 시편 기자가 다음과 같은 고백을 했겠습니까?

> 하나님이여 주의 생각이 내게 어찌 그리 보배로우신지요 그 수가 어찌 그리 많은지요 내가 세려고 할지라도 그 수가 모래보다 많도소이다 내가 깰 때에도 여전히 주와 함께 있나이다 (시 139:17-18)

하나님께서 우리를 사랑하시고 언제나 우리를 생각하고 계시며 우리를 보살펴 주시기에 성경은 하나님께서 우리를 결코 잊어버리지 아니하신다고 말해 주고 있습니다.

우리를 그분의 손바닥에 새기셨다

이사야 49장 15-16절 말씀을 통해 하나님께서 이렇게 말씀하셨습니다.

> 여인이 어찌 그 젖 먹는 자식을 잊겠으며 자기 태에서 난 아들을 긍휼히 여기지 않겠느냐 그들은 혹시 잊을지라도 나는 너를 잊지 아니

할 것이라 내가 너를 내 손바닥에 새겼고 (사 49:15-16)

이 성경 말씀은 동양 사람들이 지키는 관습 중에 하나를 소개하고 있습니다. 어머니가 자기 아이와 헤어져야만 하는 상황이 되면 어머니는 이 아이의 이름을 자기 손바닥에 새깁니다. 이렇게 함으로 하루종일 일하면서도 그 손바닥을 보면서 그토록 사랑하고 보고 싶은 자기 아이를 마음 속에 그리며 생각하는 것입니다.

하나님께서는 이 어머니가 자기 아이를 생각하는 만큼이나 아니 그보다 더 여러분을 생각하고 계심을 알아야 합니다. 하지만 불행히도 이와 같으신 하나님의 사랑을 모르는 사람이 있습니다. 그들은 단순히 지옥에 가지 않을 목적으로 하나님을 믿거나 하나님을 두려운 존재 정도로 알고 있습니다. 문제는 하나님을 두려운 존재로만 아는 사람들은 언제나 자신들이 구원받았음을 증명할 수 있는 그 무엇인가를 찾아서 하려고 한다는 것입니다.

이와 같은 삶의 결과는 오직 허무한 율법주의와 하나님 앞에 아무 쓸데 없는 행위의 부담감 뿐입니다.

반대로 하나님의 사랑을 깨닫고 예수 그리스도를 영접한 사람은 "내가 한 것이 아니라 그분이 나를 위해서 해 준 것"이라는 사실을 발견하게 됩니다. 그런 사람은 하나님이 얼마나 은혜로우신 사랑의 하나님이신가를 깨닫습니다.

여러분이 하나님의 풍성한 사랑을 맛보게 되면 여러분은 결코 실패하지 않을 것입니다. 여러분이 하늘 나라를 바라볼 때 지옥을 볼 수 없을 것입니다. 여러분이 하나님의 자비하심을 바라볼 때 여러분은 심판을 볼 수 없을 것입니다.

대부분의 사람들은 지금까지 너무 오랫동안 법정에 서 있었습니다. 이들은 하나님 앞에 나올 때마다 자신들이 재판관 앞에 서있는 것처럼 생각합니다. 하지만 성경은 명백하게 말하고 있습니다.

> 내가 진실로 진실로 너희에게 이르노니 내 말을 듣고 또 나 보내신 이를 믿는 자는 영생을 얻었고 심판에 이르지 아니하나니 사망에서 생명으로 옮겼느니라 (요 5:24)

예수님께서 십자가에 달리셨을 때 여러분에게 내려진 사형선고는 이미 철회되었습니다. 그 순간 하나님 아버지께서는 재판관의 옷을 벗으시고 망치도 내려놓으시고 "내 집에 들어오너라. 내 가족이 된 것을 환영한다."라고 우리에게 말씀하셨습니다.

이제 그분은 더 이상 법정에만 계시는 재판장이 아니라 내 가족이 있는 집에서 내가 돌아오기만을 기다리고 계시는 나의 아버지이십니다.

여러분이 죄를 회개하고 하나님의 은혜를 받아들이기만 하면 하나님께서는 즉시로 여러분을 그분의 가족으로 삼아 주십니다. 하나님께서 여러분을 다시 쫓아 내시려고 여러분을 맞아 들이는 것이 절대 아닙니다.

결코 여러분에게 "나가 버려."라고 협박하시지도 않는 분입니다. 그분은 우리를 맞아 주시고 우리를 영원히 길러 주시고 보호해 주시는 하나님이십니다.

우리에게 그럴 만한 가치가 있어서가 아닙니다

오래 전에 하나님께서는 선지자 예레미야를 통해서 이렇게 말씀하셨습니다.

> 그들은 내 백성이 되겠고 나는 그들의 하나님이 될 것이며 내가 그들에게 한 마음과 한 길을 주어 자기들과 자기 후손의 복을 위하여 항상 나를 경외하게 하고 내가 그들에게 복을 주기 위하여 그들을 떠나지 아니하리라 하는 영원한 언약을 그들에게 세우고 나를 경외함을 그들의 마음에 두어 나를 떠나지 않게 하고 (렘 32:38-40)

그 어떤 것을 보더라도 이스라엘 백성들은 멸망당하는 것이 마땅했습니다. 하나님께서 "이스라엘 자손과 유다 자손이 예로부터 내 눈 앞에 악을 행하였을 뿐이라" (렘 32:30)고 말씀하실 정도였습니다. 그렇지만 하나님께서 이들에게 그 악한 행위대로 보응하지 않으시고 오히려 그들과 영원한 은혜의 언약을 세우시고 그들을 하나님의 사랑으로 이끄셨습니다.

하나님께서는 이스라엘 백성들에게 이렇게 말씀하셨습니다.

> 내가 영원한 사랑으로 너를 사랑하기에 인자함으로 너를 이끌었다
> (렘 31:3)

우리가 마땅히 받아야 할 형벌을 거두시고 오히려 우리를 지옥으로부터 건져주시는 것이 바로 하나님의 '자비'입니다. 하지만 여기에서 그치지 않고 우리에게 그럴만한 아무런 공로와 가치도 없는데도 불구하고 우리를 하늘 나라로 인도해 주시는 것이 바로 하나님의 '은혜'입니다.

> 여호와의 인자와 긍휼이 무궁하시므로 우리가 진멸되지 아니함이
> 니이다 이것들이 아침마다 새로우니 주의 성실하심이 크시도소이
> 다 (애 3:22-23)

바울은 "율법이 들어온 것은 범죄를 더하게 하려 함이라 그러나 죄가 더한 곳에 은혜가 더욱 넘쳤나니"(롬 5:20)라고 썼습니다.

그리스도의 피와 하나님의 은혜가 우리가 지은 죄보다 훨씬 능력있음을 인하여 나는 하나님께 감사드립니다. 비록 우리가

지은 죄가 홍수 만큼이나 크다 할지라도 하나님의 은혜는 홍수를 삼키고도 남을 거센 바다의 파도와 같습니다. 그러므로 여러분이 여러분의 죄를 회개하고 이처럼 놀라운 하나님의 은혜를 받아들이면 여러분은 용서함받고 고린도전서 1장 27-29절 말씀의 진리를 발견하게 될 것입니다.

> 그러나 하나님께서 세상의 미련한 것들을 택하사 지혜 있는 자들을 부끄럽게 하려 하시고 세상의 약한 것들을 택하사 강한 것들을 부끄럽게 하려 하시며 하나님께서 세상의 천한 것들과 멸시 받는 것들과 없는 것들을 택하사 있는 것들을 폐하려 하시나니 이는 아무 육체도 하나님 앞에서 자랑하지 못하게 하려 하심이라 (고전 1:27-29)

그래도 일부 사람들은 "하늘은 스스로 돕는 자를 돕는다."라고 하지 않았느냐고 말합니다. 하지만 하나님의 말씀에 이런 말씀은 찾아볼 수 없습니다.

여러분이 스스로 모든 문제를 해결할 수 있다고 생각하는 것은 곧 여러분이 여러분 자신을 하나의 작은 하나님 또는 신으로 여기는 것과 같은 행위입니다. 여러분이 스스로 신이 된 이상에는 하나님께서도 여러분이 원하는 대로 살도록 여러분을 내버려 둘 수밖에 없습니다.

인본주의자들은 "네 자신이 네 운명의 주관자이다. 네 자신을 도울 수 있는 능력을 네 스스로 가지고 있다."라고 말합니다.

하지만 예수님께서는 이렇게 말하셨습니다.

> 주의 성령이 내게 임하셨으니 이는 가난한 자에게 복음을 전하게 하시려고 내게 기름을 부으시고 나를 보내사 마음이 상한 자에게 치유를, 포로 된 자에게 자유를, 눈 먼 자에게 다시 보게 함을 전파하며 눌린 자를 자유롭게 하고 (눅 4:18)[13]

우리는 가난한 자입니다. 우리는 마음이 상한 자입니다. 우리는 포로 된 자요, 눈 먼 자요, 눌린 자입니다.

하나님께서는 이와 같은 우리들에게 스스로 우리를 도우라고 말씀하시지 않았습니다. 오히려 그분을 온전히 의지하라고 하셨습니다. 성경은 결코 독립을 우리에게 가르치고 있지 않습니다. 우리 주님께 온전히 의지하라고 선포하고 있을 뿐입니다.

선택의 문제

한번은 어떤 사람이 내게 물었습니다.

"하나님께서 모든 것을 다 하셨다면 우리의 선택은 이것과 어떻게 연관될 수 있습니까?"

---

[13] 이 말씀(눅 4:18)에 관하여 우리말 성경에는 '마음이 상한 자에게 치유를 (He has sent me to heal the brokenherated)' 의 부분이 번역되어 있지 않아서 성경 원문과 저자가 사용한 KJV을 기준으로 역자가 다시 번역하였음.

적절한 질문이었습니다. 그래서 나는 그에게 다시 물었습니다.

"당신이 구원을 받기 전에 당신이 주님을 찾았습니까? 아니면 주님께서 당신을 찾으셨습니까?"

그는 "주님께서 나를 찾으셨습니다."라고 대답했습니다.

나는 다시 "당신 스스로 그분을 믿는 믿음을 갖게 되었습니까? 아니면 주님께서 그 믿음을 주셨습니까?"라고 물었습니다.

"주님께서 주셨습니다."

"그러면 누가 지금 당신을 지탱해 주고 있습니까? 당신 자신이 당신의 믿음을 지탱해 나가고 있습니까? 그렇다면 누가 당신을 하늘 나라로 인도합니까? 당신 스스로 할 수 있습니까?"

마지막으로 나는 이렇게 말했습니다.

"당신이 한 것은 아무것도 없습니다."

여기에 대해 그는 "좋습니다. 그러면 나의 선택은 어디에 있습니까?"라고 물었습니다.

나는 다시 "당신이 할 수 있는 모든 것이라고는 이 모든 것을 이루신 예수님께 그저 '예'라고 대답하는 것뿐입니다. 그러면 이 모든 것이 당신의 것이 됩니다. 당신의 선택이라고 하는 것은 단지 주님께서 당신을 위해 이루신 모든 것을 받아 들이는 것뿐입니다."라고 대답해 주었습니다.

그는 커다란 미소를 지으며 "이제 알겠어요."라고 말했습니다.

예수님께서도 제자들에게 "너희가 나를 택한 것이 아니요 내가 너희를 택하여 세웠나니"(요 15:16)라고 말씀하셨습니다. 그렇지만 하나님의 은혜를 우리가 절대로 헛되이 이용해서는 안 된다고 성경은 경고하고 있습니다.

> 우리가 하나님과 함께 일하는 자로서 너희를 권하노니 하나님의 은혜를 헛되이 받지 말라 (고후 6:1)

우리가 완전해서 구원을 얻은 것이 아니라 예수님 때문에 구원을 얻은 것입니다. 그러면 우리가 왜 실패합니까? 우리가 하나님 의지하는 것을 중단하고 우리 자신을 의지하게 될 때 우리는 실패합니다.

에스겔 선지자는 이것을 잘 설명하고 있습니다.

> 가령 내가 의인에게 말하기를 너는 살리라 하였다 하자 그가 그 공의를 스스로 믿고 죄악을 행하면 그 모든 의로운 행위가 하나도 기억되지 아니하리니 그가 그 지은 죄악으로 말미암아 곧 그 안에서 죽으리라 (겔 33:13)

우리가 받은 구원에 대해 불안해 할 필요가 전혀 없다고 나는 믿습니다. 하지만 우리 스스로가 위험을 자초함으로 주님께서 주신 구원을 잃어버릴 수 있습니다. 베드로는 이것을 이렇게 설명하고 있습니다.

> 만일 그들이 우리 주 되신 구주 예수 그리스도를 앎으로 세상의 더러움을 피한 후에 다시 그 중에 얽매이고 지면 그 나중 형편이 처음보다 더 심하리니 의의 도를 안 후에 받은 거룩한 명령을 저버리는 것보다 알지 못하는 것이 도리어 그들에게 나으니라 (벧후 2:20-21)

그러면 이 모든 관계가 어떻게 균형을 유지할 수 있습니까? 하나님께서는 우리를 선택하시지만 그 선택에 대한 응답은 언제나 우리가 선택하도록 하십니다.

만일 누군가가 내 머리에 총을 들이대고 "예수를 부인해. 그렇지 않으면 죽어."라고 말한다 해도 나는 "쏴라."라고 대답할 것입니다. 왜냐하면 그리스도께 결단한 나의 헌신이 일시적인 것이 아니고 영원한 것이기 때문입니다.

내가 예수님을 만났을 때 그것은 잠깐 있었다 없어지는 순간적인 경험이 아니었습니다. 바로 그 순간에 나는 완전히 새로운 사람이 된 것입니다.

이때 내가 거듭난 것은 바로 일어난 사건이었지만 내가 받은 구원은 계속적인 것입니다. 주님께서 주신 이 영원한 유익에 대한 보답으로 우리는 어떻게 반응해야 합니까? 시편 기자는 말했습니다.

> 내가 구원의 잔을 들고 여호와의 이름을 부르며 (시 116:13)

> 여호와는 은혜로우시며 의로우시며 우리 하나님은 긍휼이 많으시도다 여호와께서는 순진한 자를 지키시나니 내가 어려울 때에 나를 구원하셨도다 내 영혼아 네 평안함으로 돌아갈지어다 여호와께서 너를 후대하심이로다 (시 116:5-7)

이 구원은 우리가 생각할 수 있는 것보다 훨씬 더 나은 것입니다. 우리 안에서 이 일을 시작하신 하나님께서 그리스도 예수의 날까지 이루실 줄을(빌 1:6) 우리는 온전히 확신할 수 있습니다.

그러면 이와 같은 확신을 우리 마음 속에서 어떻게 알 수 있습니까? 그 해답은 우리가 성령님의 인치심을 이해할 때 얻어집니다.

chapter *16*

성령의 인치심

예수님의 피로 우리가 씻음받고 말씀으로 깨끗하게 되면 주님께서 우리에게 성령의 인(도장)을 찍어 주십니다.

바울은 이것을 다음과 같이 설명하고 있습니다

> 그 안에서 너희도 진리의 말씀 곧 너희의 구원의 복음을 듣고 그 안에서 또한 믿어 약속의 성령으로 인치심을 받았으니 이는 우리 기업의 보증이 되사 그 얻으신 것을 속량하시고 그의 영광을 찬송하게 하려 하심이라 (엡 1:13-14)

'인'(도장)이라고 하는 것은 보증(보호와 증명)을 상징합니다. 그러므로 '인'을 찍었다는 것은 이렇게 말하는 것과 같습니다.

"이것은 내 것이니까 나를 위해 따로 보관해 다오. 그리고 내가 돌아올 때까지 아무도 손 못대게 해라."

주님께서 구원할 계획이 없으신 것은 그 어느 것도 인을 찍으시지 않습니다. 우리를 영접하여 주님 계신 곳에 우리도 함께 있게 하실 계획이 아니셨다면 우리를 위해 거처도 예비하시지 않으셨을 것입니다(요 14:2-3).

그리스도께서 우리를 그분이 계신 곳으로 인도하셔서 우리를 위해 하늘에 예비해 두신 썩지 않고 더럽지 않고 쇠하지 않을 유업을 물려 받을 때까지(벧전 1:4) 우리에게 찍힌 인은 유효할 것입니다. 이 기업은 "말세에 나타내기로 예비하신 구원을 얻기 위하여 믿음으로 말미암아 하나님의 능력으로 보호하심을 받은"(벧전 1:5) 자들을 위한 것이라고 성경은 말합니다.

주님의 마지막 작업이 끝날 때까지 우리에게 찍힌 인은 제거되지 않을 것입니다. 사도 바울은 "우리 곧 성령의 처음 익은 열매를 받은 우리까지도 속으로 탄식하여 양자 될 것 곧 우리 몸의 속량을 기다리느니라"(롬 8:23)고 했습니다.

마지막 나팔소리가 날 때 모든 것은 끝이 납니다.

나팔 소리가 나매 죽은 자들이 썩지 아니할 것으로 다시 살아나고

> 우리도 변화되리라 이 썩을 것이 반드시 썩지 아니할 것을 입겠고 이 죽을 것이 죽지 아니함을 입으리로다 이 썩을 것이 썩지 아니함을 입고 이 죽을 것이 죽지 아니함을 입을 때에는 사망을 삼키고 이기리라고 기록된 말씀이 이루어지리라 (고전 15:52-54)

일흔 번씩 일곱 번

여러분이 그리스도의 피가 여러분을 위해서 이루어 놓은 사실을 받아들이는 한 세상의 어떤 권세도 여러분에게 찍힌 하나님의 성령의 인을 파기할 수 없습니다(딤후 1:12).

> 내가 확신하노니 사망이나 생명이나 천사들이나 권세자들이나 현재 일이나 장래 일이나 능력이나 높음이나 깊음이나 다른 어떤 피조물이라도 우리를 우리 주 그리스도 예수 안에 있는 하나님의 사랑에서 끊을 수 없으리라 (롬 8:38-39)

여러분 중에는 "아니, 나 같은 자도 하나님께서 사랑하신다는 말입니까?"라고 묻는 사람도 있을 것입니다. 대답은 "예"입니다.

여러분이 일관성 없이 왔다갔다 하는 삶을 산다 할지라도 그분은 여전히 우리를 사랑하십니다. 우리가 그분의 아들 예수 그리스도의 죽임당함에 책임이 있는 자들임에도 불구하고 우리를 양자 삼으셨습니다. 심지어 우리가 넘어지고 실패해도 그분은 우리를 다시 반겨 주십니다.

어떤 사람들은 "내가 같은 죄를 짓고 또 짓게 되면 어떻게 합니까? 그래도 하나님은 여전히 저를 용서하실까요?"라고 묻습니다. 베드로도 예수님께 이와 똑같은 질문을 한 적이 있습니다.

> 그 때에 베드로가 나아와 이르되 주여 형제가 내게 죄를 범하면 몇 번이나 용서하여 주리이까 일곱 번까지 하오리이까 예수께서 이르시되 네게 이르노니 일곱 번뿐 아니라 일곱 번을 일흔 번까지라도 할지니라 (마 18:21-22)

예수님의 이 대답이 그리스도인들이 회개하지 않고 죄를 지으며 살아도 여전히 천국에 들어갈 수 있다는 것을 의미하는 것은 아닙니다. 오히려 이것과는 거리가 먼 이야기입니다.

하나님의 용서하시는 성품을 남용하는 사람들은 그분의 진정한 구원을 한번도 체험해 보지 못한 사람들입니다. 하나님께서 우리에게 주시는 것은 안연함 그 이상의 것입니다. 그분은 우리에게 영원한 은혜를 주십니다.

여기서 우리가 알아야 될 것은 우리의 구원을 이루어 주시는 것도, 우리로 하여금 경건한 삶을 살도록 도와주시는 것도, 하나님의 은혜라는 사실입니다.

하나님의 은혜는 우리를 근본적으로 변화시키는 힘을 가지고 있기 때문입니다.

> 모든 사람에게 구원을 주시는 하나님의 은혜가 나타나 우리를 양육하시되 경건하지 않은 것과 이 세상 정욕을 다 버리고 신중함과 의로움과 경건함으로 이 세상에 살고 복스러운 소망과 우리의 크신 하나님 구주 예수 그리스도의 영광이 나타나심을 기다리게 하셨으니 그가 우리를 대신하여 자신을 주심은 모든 불법에서 우리를 속량하시고 우리를 깨끗하게 하사 선한 일을 열심히 하는 자기 백성이 되게 하려 하심이라 (딛 2:11-14)

그러므로 여러분이 이와 같은 하나님의 구원하시는 은혜가 임하게 될 때 하나님의 경건함과 의로움에 대한 말할 수 없는 갈망함이 여러분 속에서 일어나게 될 것입니다.

우리 주님께서 갈보리에서 모든 것을 다 이루셨기 때문에 하나님께서 그분의 성령님을 보내사 우리로 하여금 거룩한 삶을 살 수 있는 힘을 주시는 것입니다.

사도 바울도 우리가 "육신을 따르지 않고 영을 따라 행한다"(롬 8:4)고 했습니다. 하나님께서 스가랴 선지자를 통해서 말씀하셨던 것 또한 진리입니다.

> 그가 내게 대답하여 이르되 여호와께서 스룹바벨에게 하신 말씀이

> 이러하니라 만군의 여호와께서 말씀하시되 이는 힘으로 되지 아니하며 능력으로 되지 아니하고 오직 나의 영으로 되느니라 큰 산아 네가 무엇이냐 네가 스룹바벨 앞에서 평지가 되리라 그가 머릿돌을 내놓을 때에 무리가 외치기를 은총, 은총이 그에게 있을지어다 (슥 4:6-7)

어쩌면 여러분은 지금 여러분을 덮쳐버릴 것 같은 거대한 산처럼 보이는 시험에 직면하고 있는지도 모릅니다. 하지만 하나님의 은혜와 그분의 성령의 도우심으로 여러분은 산 만큼 커보이는 시험으로부터 돌을 하나씩 둘씩 떼어내서 마침내 산산조각으로 만들 수 있게 될 것입니다.

은혜의 능력

하나님의 은혜로부터 놀라운 능력이 나옵니다.

> 사도들이 큰 권능으로 주 예수의 부활을 증언하니 무리가 큰 은혜를 받아 (행 4:33)

사도행전을 통해서 우리는 하나님의 능력으로 말미암아 초대교회에 이루어졌던 일들을 볼 수 있습니다.

첫째, 그들은 능력을 받아서 복음의 증인이 되었습니다.

> 오직 성령이 너희에게 임하시면 너희가 권능을 받고 예루살렘과 온 유대와 사마리아와 땅 끝까지 이르러 내 증인이 되리라 (행 1:8)

둘째, 성령님께서 그들의 언어를 바꾸셨습니다.

그래서 그들은 알지 못하는 언어로 말하기 시작했고(행 2:4) 하나님의 말씀을 담대히 선포하였습니다(행 4:31).

셋째, 그들의 행실이 바뀌었습니다.

스데반이 가장 대표적인 예라고 할 수 있겠습니다. 그가 시련을 당하는 와중에도 성령님께서 스데반 위에 임하셔서 "공회 중에 앉은 사람들이 다 스데반을 주목하여 보니 그 얼굴이 천사의 얼굴과 같더라"(행 6:15)고 성경은 기록하고 있습니다.

하나님의 기름 부으심이 누군가 위에 임하시면 이 사람 주위에 성령님의 임재하심이 확연히 들어난다고 나는 믿고 있습니다. 이 사람의 얼굴에서 신령한 능력과 기쁨을 찾아볼 수 있으며 그 목소리에는 권세가 있음을 알 수 있습니다.

베드로와 요한이 앉은뱅이에게 "우리를 보라"(행 3:4)고 한 이유도 여기에 있습니다. 그 앉은뱅이가 자기들의 얼굴을 바라보게 될 때 그 얼굴에서 하나님의 권능을 볼 수 있으리라는 것을 베드로와 요한은 알았기 때문입니다.

내가 캐더린 쿨만 여사에 관해서 잊을 수 없는 것들 중 하나가 바로 매번 기름 부으심이 그녀 위에 임할 때마다 그녀의 눈빛이 달라진다는 것입니다. 그녀의 눈동자에 빛이 번쩍이곤 했었습니다.

수년에 걸쳐서 발견한 한 가지가 있습니다. 그것은 하나님의 종에게서 기름 부으심이 떠나면 그 눈에서 번쩍이던 빛도 불꽃도 떠난다는 것입니다.

한때 캐나다에서 위대하게 쓰였던 하나님의 종이 최근에 우리 교회를 방문하였습니다. 하지만 내가 그의 눈을 바라보았을 때 거기에는 번쩍이는 빛도 불꽃도 없었습니다. 기름 부으심이 떠난 것입니다. 그의 얼굴이 그것을 증명해 주었던 것입니다.

넷째, 성령님께서 그들에게 담대함을 주셨습니다.

"그들이 베드로와 요한이 담대하게 말함을 보고 그들을 본래 학문 없는 범인으로 알았다가 이상히 여기며"(행 4:13) 그들은 더 이상 아무것도 두려워하지 않고 오히려 담대함으로 복음을 선포하였습니다.

다섯째, 성령님과 그들의 관계가 달라졌습니다.

베드로는 자신이 예수님께서 이루신 일에 대한 증인이요, 또한 성령님께서도 그러하시다(행 5:32)고 고백했습니다.

여기에서 우리는 성령님께서 그들의 친구요 돕는 자가 되심을 볼 수 있습니다.

여섯째, 성령님께서 그들의 위치를 바꾸셨습니다.

스데반은 교회에서 안내하는 일에서부터 출발해서 나중에는 위대한 복음 전도자로(행 6:8-10) 바뀌었습니다.

일곱째, 성령님께서 그들의 눈을 열어 신령한 광경을 보게 하셨습니다.

> 스데반이 성령 충만하여 하늘을 우러러 주목하여 하나님의 영광과 및 예수께서 하나님 우편에 서신 것을 보고 (행 7:55)

우리가 하나님의 크신 은혜를 받은 사람들이기 때문에 성령님의 크신 능력도 우리에게 허락되어 있습니다. 성령님께서 우리의 삶 가운데 함께 계시며 그리스도께서 피를 흘리사 우리를 위해 죽으셨고 다시 부활하셔서 하나님 우편에 앉아 계심을 우리에게 항상 상기시켜 주시는 것입니다.

제자들에게 성령님을 특별하게 기억하기를 부탁하셨습니다. 성령이 충만한 일부 수녀들의 모임에서 나는 성령님을 특별하게 기억해야 한다는 이 부요하고 새로운 의미에 대해 내 눈이 뜨이게 되었습니다.

chapter 17

성찬 중에 주를 만남

　몇 년 전에 내가 열었던 집회 장소에 만 이천 명이 넘는 사람들이 하나님의 말씀을 들으려고 몰려 들었습니다. 강단 위에서 말씀을 전하다가 내 눈길은 수많은 청중 가운데서도 유난히 길다란 검은색 수녀복을 입고 단체로 앞자리에 앉아 있던 로마 카톨릭 수녀들에게 끌려갔습니다.

　내가 어렸을 때 카톨릭 수녀에게 가르침을 받았기 때문에 내 마음 속에는 그들에 대한 특별한 인상이 남아 있었습니다. 그래서인지 나는 모두 49명이나 되는 그들을 강단 위로 초청했습니다.

그들과 얘기를 주고 받다가 나는 그들이 이 집회에 참석하기 위해 6시간을 운전해서 왔고 그들 모두 성령의 은혜를 받은 수녀들임을 알게 되었습니다.

나는 그들에게 감동의 찬송가 '주님의 높고 위대하심'을 함께 부르자고 요청했습니다. 찬송이 끝나자 수녀들은 자기들의 옷 속에서 십자가를 꺼내더니 위를 향해 들어올리며 주님께 그들의 사랑과 경배를 표현해 보였습니다. 참으로 놀라운 능력이 머무는 순간이었습니다.

집회가 끝나고 나는 그들과 좀 더 이야기할 수 있는 기회가 있었습니다. 그 중에 키가 크고 하늘색 눈동자(그 눈동자는 남의 마음을 꿰뚫어 보는 것 같았습니다)를 가진 수녀원장이 세운 수녀원에 이 수녀들 모두가 속해 있음을 알게 되었습니다(수녀원장이 감독 수녀 또는 수녀장보다 훨씬 높은 지위임을 나중에 알게 되었습니다).

"우리 수녀원에 한 번 들러 주시지요?"라고 원장이 나에게 말했습니다. 나는 "그러고 말고요."라고 대답했고 몇 달이 지난 후 실제로 그곳을 방문하게 되었습니다.

수녀원은 강 골짜기를 따라 구부러진 언덕 위에 위치하고 있었습니다. 그곳 수녀들이 거기에 있는 요양소를 포함해서 동물들을 기르는 농장에 이르기까지 모든 건물들을 지었다는 것을 알게 되었습니다.

수녀들은 나와 동행한 몇몇 친구들에게 아주 먹음직한 터키

요리와 그들이 손수 재배한 야채를 저녁식사로 대접해 주었습니다. 저녁식사 후에 그들은 우리에게 "여러분들과 함께 성찬식을 드려도 되겠습니까?"라고 물었습니다.

나는 "되고 말고요."라고 대답했습니다(내가 어렸을 때 동방정교회에서 세례를 받았기 때문에 나에게 이런 제의를 해도 무방하다고 그들은 생각했던 것입니다).

하나님께서 그날 밤 나의 삶에 커다란 영향을 미칠 무엇인가를 준비하고 계셨다는 것을 나는 모르고 있었습니다. 모두 49명의 수녀들과 나, 그리고 내 친구들이 함께 새로 지어진 예배실로 들어갔습니다.

수녀들은 그들의 영(또는 방언)으로 하나님을 찬양하고 또 송축하면서 하나님께 예배드리기 시작했습니다. 약 30분쯤 지나서 이 수녀들이 예언하기 시작했고 이 예언의 말씀은 나에게 큰 위로가 되었습니다.

바로 이때쯤 나는 무릎을 꿇은 채 눈물을 흘리고 있었습니다. 왜냐하면 말하기 어려울 만큼 놀라운 하나님의 임재하심을 그곳에서 느꼈기 때문입니다. 그 전까지는, 심지어 내 교회에서도, 내가 한 번도 경험해 보지 못했던 하나님의 놀라운 기름 부으심의 역사가 그곳에 임했습니다.

"예수님께서 실제로 그곳에 오셨습니다."라는 말밖에 다른 어떤 말로도 설명할 수 없는 그런 거룩하고 능력이 충만한 하나님의 임재하심이었습니다.

수녀들이 예배를 막 마칠 무렵 내 팔과 가슴이 저려오면서 나는 아무런 감각도 느낄 수 없게 되었습니다. 그때가 바로 원장이 탁자 위에 놓여진 성찬식 떡을 들었던 순간이었음을 나는 알지 못했던 것입니다. 그녀는 이어서 고린도전서 11장 23절 말씀을 낭독하기 시작했습니다.

> 내가 너희에게 전한 것은 주께 받은 것이니 곧 주 예수께서 잡히시던 밤에 떡을 가지사 (고전 11:23)

내가 무릎을 꿇고 두 손을 앞으로 뻗쳐 주님을 찬양하고 있었을 때, 원장이 떡을 떼어 내 입에 넣어 주었습니다. 바로 그 순간 온 몸에 실제로 불덩이가 떨어진 것 같은 느낌이 들면서 말로 형언하기 어려운 일이 내게 일어났습니다. 내 손가락 끝에서 실크 천 같은 부드러운 옷자락이 만져지는 것이었습니다.

나는 내가 이 수녀들의 옷자락을 만졌거나 아니면 '내 생각에 속고 있는 것이겠지.'라고 생각했습니다. 그것이 정확히 무엇인지 알 수 없었습니다. 그래서 나는 누가 내 앞에 있나 보려고 눈을 떴는데 내 앞에는 아무도 없었습니다.

나는 단지 내 생각이 그런가 하고 다시 눈을 감았습니다. 물론 나는 이때 울며 떨고 있었습니다. 나는 또다시 옷자락이 만져짐을 느꼈습니다. '이럴 리가 없는데' 하면서 다시 눈을 떠봤지만 아무것도 없는 것이었습니다.

나는 다시 눈을 감았고 여전히 내 손에서는 옷자락이 만져짐을 느꼈습니다. 그래서 나는 내 손을 움직여서 그 물체에 더 가까이 뻗쳐 보았습니다. 그 순간 나는 더 이상 내 손을 뻗칠 수 없게 되었습니다. 거기에서 사람의 몸이 느껴졌기 때문입니다. 내가 실제로 예수님의 발앞에 무릎을 꿇고 있었음을 믿게 되었던 것입니다.

성찬식이 끝났어도 나의 찬송은 계속되었고 나는 마치 하늘에 떠있는 것 같았습니다. 호텔에 돌아와서 주님께 "도대체 무슨 일이 일어난 겁니까?"라고 물었습니다. 그러자 주님께서는 성찬식에 관한 새로운 깨달음을 열어 주시기 시작했습니다.

우리가 성찬 예배를 드릴 때마다 우리는 주님과 깊은 만남을 갖습니다. 우리가 주님의 성찬을 기념할 때 주님 자신이 직접 오십니다. 이 일이 있은 후 주님께서 내 경험과 성경 말씀을 통해 깨닫게 해 주신 내용을 여러분과 함께 나누기 원합니다.

고린도전서 10장 16절 말씀에 이렇게 써 있습니다.

> 우리가 축복하는 바 축복의 잔은 그리스도의 피에 참여함이 아니며
> 우리가 떼는 떡은 그리스도의 몸에 참여함이 아니냐 (고전 10:16)

이 말씀은 '성찬 예배 가운데에 주님과의 진정한 만남이 있다'라는 뜻입니다. 종종 우리는 성찬식을 대하면서도 우리가 주님과의 깊은 만남을 가져야 된다는 사실을 깨닫지 못합니다. 우

리가 성찬식을 갖는 것이 하나의 전통이나 관습 때문도 아니요 우리의 부모님으로부터 그렇게 들어왔기 때문도 아닙니다.

이것은 2000년 전에 주님께서 우리를 위해 갈보리에서 이루신 업적을 기념하는 것입니다. 비록 이 사건이 2000년 전의 일이라 할지라도 우리는 지금 주님과 만나는 것입니다. 주님께서는 오늘 우리와 교제하시러 오신다는 말입니다.

수년 동안 내가 그리스도인이요 또한 설교자이었으면서도 성찬식에 담겨져 있는 이와 같은 새로운 사실을 발견하게 된 것은 바로 그날 밤 수녀원에서 있었던 성찬식에 참여한 다음부터였습니다. 사실은 우리가 성찬식에 참여할 때 예수님께서 친히 오셔서 우리와 함께 깊은 사귐을 갖기 원하십니다.

이 만찬이 우리의 것이 아니기 때문에 우리가 이것을 주님의 성만찬이라고 부르는 것입니다. 매번 주님의 성만찬에 참여할 때마다 내 손가락 끝에서 주님의 옷자락을 만질 수 있기를 간절히 원했습니다. 하지만 그런 일은 더 이상 일어나지 않았습니다. 아마도 주님께서 나를 가르치시기 위해 그와 같은 특별한 방법을 사용하셔서 내게 가르쳐 주신 것이라고 믿고 있습니다. 그렇지만 그 사건 이후로 내가 성찬에 참여할 때면 언제나 특별한 하나님의 임재하심을 느끼게 됩니다.

합당함

주님의 성만찬에 대한 이와 같은 새로운 깨달음에 너무도 감격한 나머지 성찬 중에 주님과의 만남을 계속 유지하기 위해서라면 나는 내가 할 수 있는 무슨 일이든지 하기를 원했습니다. 따라서 바울이 성경에서 경고해 주었던 사실들이 내게 실제로 다가왔습니다.

> 그러므로 누구든지 주의 떡이나 잔을 합당하지 않게 먹고 마시는 자는 주의 몸과 피에 대하여 죄를 짓는 것이니라 (고전 11:27)

그러면 사도 바울은 왜 이같은 경고를 고린도 교회에 했을까요? 무엇이 그들로 하여금 주님과의 진정한 교제를 헛된 형식에 불과하게 만들었을까요? 사도 바울은 우리에게 다섯 가지 이유를 들어주었습니다.

1. 고린도 교인들 가운데 분쟁이 있었습니다.
   > 먼저 너희가 교회에 모일 때에 너희 중에 분쟁이 있다 함을 듣고 어느 정도 믿거니와 (고전 11:18)

2. 고린도 교인 중에 잘못된 가르침을 전하는 무리가 있었습니다.

> 너희 중에 다른 가르침을 전하는 자가 있음이 틀림 없느지라 이것은
> 너희 중에 누가 하나님의 인정하심을 받은 자인지 밝히기 위함이니
> (고전 11:19)[14]

3. 고린도 교회에 이기주의가 팽배해 있었습니다.

> 이는 먹을 때에 각각 자기의 만찬을 먼저 갖다 먹으므로 어떤 사람은 시장하고 어떤 사람은 취함이라 (고전 11:21)

4. 그들은 하나님의 교회를 업신여겼습니다.

> 너희가 먹고 마실 집이 없느냐 너희가 하나님의 교회를 업신여기고 (고전 11:22)

5. 그들은 교만했고 가난한 사람을 멸시했습니다.

> 빈궁한 자들을 부끄럽게 하느냐 (고전 11:22)

---

14) 고린도전서 11장 19절의 우리말 번역이 명확하지 않아서 역자가 헬라어 원문과 저자가 사용한 KJV 그리고 NIV를 기준으로 다시 번역하였다. 우리말 성경에 번역된 내용과 KJV, NAS에 번역된 내용을 아래에 비교하였다.
- 우리말 번역: "너희 중에 파당이 있어야 너희 중에 옳다 인정함을 받은 자들이 나타나게 되리라"
- 저자가 사용한 KJV: "For there must be also hersies(이단) among you, that which are approved may be made manifest among you"
- NIV: "No doubt there have to be differences among you to show which of you God's approval"
- NAS: "For there must also be factions among you, in order that those who are approved may become evident among you"

사도 바울이 여기에서 주님의 만찬을 합당치 아니한 태도로 받아들이는 것을 경고하는 이 내용은 결국, 다른 말로 하자면, 바울이 고린도 교회의 죄를 말하고 있는 것과 마찬가지입니다. 그들이 범한 죄 중 일부는 심지어 주님과 마주한 식탁에서 벌어진 것들이었습니다!

바로 이 이유 때문에 바울은 고린도 교회에 "약한 자와 병든 자가 많다"(고전 11:30)고 했으며 심지어 어떤 사람들은 분별력을 상실한 채 영적으로 잠자는 자도 적지 않다고 했습니다.

이것은 모두 부정적인 측면입니다. 하지만 이와 똑같은 주제를 놓고 우리가 진정 합당하게 주님의 만찬을 대하면 연약함과 질병 대신에 오히려 건강의 축복과 생기에 찬 삶을 누릴 것이라고 나는 믿습니다. 계속해서 바울은 다음과 같이 이야기하고 있습니다.

> 우리가 우리를 살폈으면 판단을 받지 아니하려니와 우리가 판단을 받는 것은 주께 징계를 받는 것이니 이는 우리로 세상과 함께 정죄함을 받지 않게 하려 하심이라 (고전 11:31-32)

만일 우리가 먼저 우리 자신을 살폈으면 하나님께서 우리를 징계(정죄)하시는 일이 없었을 것입니다. 설사 하나님께서 우리를 징계(정죄)하신다 할지라도 그것은 오직 우리의 구원을 위해서 하시는 것입니다.

시편 32편 말씀에서 우리는 두 종류의 징계 즉, 하나님께서 인간을 어떻게 징계하시는지와 인간이 인간 자신을 어떻게 징계하는지를 볼 수 있습니다.

다윗이 여기에서 "입을 열지 아니할 때에"라고 한 말에 주목할 필요가 있습니다. 다시 말하면 "우리가 우리 자신을 살피지 않고 죄를 고백하지 않을 때에"라는 말입니다.

> 내가 입을 열지 아니할 때에 종일 신음하므로 내 뼈가 쇠하였도다
> (시 32:3)

여기에서 우리가 볼 수 있는 것은 다윗이 그의 죄를 고백하지 않았을 때 그의 육신도 영향을 받았다는 사실입니다.

바울이 한 말을 기억하십시오. "그러므로 너희 중에 약한 자와 병든 자가 많고 잠자는 자도 적지 아니하니"(고전 11:30)

때로는 하나님께서 그분의 임재하심을 우리에게 거두어 가심으로 우리를 징계하실 때도 있습니다. 하나님의 임재하심 없이 산다는 것은 마치 한여름에 가뭄까지 겹쳐 바싹 말라버린 땅과 같습니다.

> 주의 손이 주야로 나를 누르시오니 내 진액이 빠져서 여름 가뭄에
> 마름 같이 되었나이다 (시 32:4)

그러면 어떻게 우리가 다시 하나님의 은혜 안으로 돌아올 수 있을까요?

> 내가 이르기를 내 허물을 여호와께 자복하리라 하고 주께 내 죄를 아뢰고 내 죄악을 숨기지 아니하였더니 곧 주께서 내 죄악을 사하셨나이다 (시 32:5)

하나님께서는 다윗을 가리켜 '내 마음에 합한 자'라고 하셨습니다. 왜 그랬을까요? 그 이유는 다윗이 언제나 주님을 갈급함으로 찾았기 때문입니다.

사무엘 선지자가 사울에게 하나님께서 그를 거절하셨다고 말했을 때, 사울은 사무엘에게 용서를 구했습니다(삼상 15:25). 하지만 나단 선지자가 다윗을 정면으로 대하여 "당신은 다른 사람의 아내를 훔쳤다."라고 말했을 때 다윗은 나단 선지자에게 용서를 구하지 않았습니다(사무엘하 12장 참조). 오히려 다윗은 "하나님이여 긍휼을 따라 내 죄악을 지워주소서"(시 51:1)라고 하면서 하나님 앞에 나갔던 것입니다.

여기에서 사울과 다윗 사이의 중요한 차이점은 사울은 사무엘에게 용서를 구했고 다윗은 자기를 용서해 주실 하나님을 찾았다는 것입니다.

다윗은 하나님을 찾았고 하나님께 용서를 구했습니다. 그렇다면 우리도 하나님께 우리 죄를 고백해야만 합니다. 우리가 우리의 죄를 하나님 앞에서 인정하면 "주께서 내 죄악을 사하셨나이다"(시 32:5)라는 성경 말씀이 응하게 됩니다.

놀랍게도 성경은 자기의 죄를 겸손하게 고백하는 자를 경건한 자라고 일컬음을 볼 수 있습니다.

> 이로 말미암아 모든 경건한 자는 주를 만날 기회를 얻어서 주께 기도할지라 (시 32:6)

다윗이 그의 죄를 고백한 후 하나님과의 관계가 어떻게 변했는지 살펴보십시오.

> 주는 나의 은신처이오니 환난에서 나를 보호하시고 구원의 노래로 나를 두르시리이다 (시 32:7)

우리가 회개할 때 하나님께서 어떻게 반응하시는지 우리는 잘 보았습니다. 바울은 우리가 주님의 만찬에 참여하기 전에 우리 자신을 먼저 살펴야 한다고 했습니다. 그러면 어떻게 우리 자신을 살핀다는 말입니까? 우리의 죄를 자백함으로 우리는 우리 자신을 살피는 것입니다. 그리고 그 결과는 주님과의 만남이 다시 회복됩니다.

우리가 기억해야 될 것

예수님께서 제자들과 함께 맨 처음 성찬을 기념하실 때 예수님께서는 제자들에게 "나를 기억하여 이 일을 행하라."고 하셨습니다. 그러면 우리가 주님의 식탁에 나올 때 무엇을 기억하여야 될까요?

무엇보다 여러분이 예수님께서 여러분을 대신하여 죽으심으로 모든 죄의 결과로부터 여러분을 자유하게 해 주신 것에 대해 하나님께 감사하게 여겨야 합니다. 하지만 이것 외에도 예수님께서 십자가 위에서 이루신 것은 너무 많습니다.

성경은 예수님께서 멸시를 당하셨고, 여러분과 나의 슬픔과 고통을 짊어지셨다고 말하고 있습니다.

> 그는 멸시를 받아 사람들에게 버림 받았으며 간고를 많이 겪었으며
> (사 53:3)

십자가 위에서 예수님께서는 우리의 죄와 죄의 결과를 친히 담당하셨습니다.

> 그는 실로 우리의 질고를 지고 우리의 슬픔을 당하였거늘 (사 53:4)

여기 '슬픔(grief)'이란 말의 히브리어는 '콜리(choliy)'로 그

뜻은 연약한, 병든, 괴로움에 처한입니다. 말할 필요없이 예수님께서는 우리의 연약함과 질병과 괴로움을 짊어지셨습니다.

또 다른 '슬픔(sorrows)'이라는 말도 히브리어로 '마콥(makob)'인데 그 의미는 고통 또는 슬픔입니다.

성경은 분명하게 예수님께서 우리의 죄를 사하시기 위해 죽으신 것뿐만 아니라 우리의 질병도 치료하시기 위해 죽으셨다고 말합니다. 마태복음 8장 16-17절이 이 사실을 증명해 줍니다.

> 저물매 사람들이 귀신 들린 자를 많이 데리고 예수께 오거늘 예수께서 말씀으로 귀신들을 쫓아 내시고 병든 자들을 다 고치시니 이는 선지자 이사야를 통하여 하신 말씀에 우리의 연약한 것을 친히 담당하시고 병을 짊어지셨도다 함을 이루려 하심이더라 (마 8:16-17)

마태는 지금 이사야 53장 4절 말씀을 인용하면서 예수님께서 맞으시고 찢기시고 고난을 당하셨다는 사실을 소개하고 있습니다.

그러므로 예수님께서 죽으신 것은 우리의 죄를 사하시기 위해서 뿐만 아니고 우리의 질병 또한 치료하시기 위함이었음을 우리는 알 수 있습니다.

시편 103편에서 시편 기자는 주님께서 십자가에 달리심으로 인해 우리가 얻게 될 은택을 미리 예언하고 있다고 나는 믿습니다.

> 내 영혼아 여호와를 송축하며 그의 모든 은택을 잊지 말지어다 (시 103:2)

왜 우리가 그 모든 은택을 잊으면 안 됩니까? 나는 그 이유를 우리가 하나님께서 우리를 위해 이루어 주신 은택을 잊어버릴 때 하나님께서 무척 슬퍼하시기 때문이라고 믿습니다.

시편 기자가 이스라엘 백성들에 관해서 이렇게 이야기하고 있습니다.

> 그들이 돌이켜 하나님을 거듭거듭 시험하며 이스라엘의 거룩하신 이를 노엽게 하였도다 그들이 그의 권능의 손을 기억하지 아니하며 대적에게서 그들을 구원하신 날도 기억하지 아니하였도다 (시 78:41-42)

하나님께서 여러분을 위해 이루어 주신 일들을 기억하는 것은 하나님께 매우 중요한 것입니다. 바로 이와 같은 이유 때문에 우리가 주님의 만찬을 기념하는 것입니다. 즉, 우리가 성찬에 임할 때마다 우리 주님께서 우리를 위해 십자가 위에서 이루어 주신 모든 일들을 기억하는 것입니다. 주님께서 우리를 위해 십자가 위에서 이루어 주신 모든 일들이 여기 시편 103편에 기록되어 있습니다.

첫째, "그가 네 모든 죄악을 사하시며"(3절)

여러분의 모든 죄가 씻어졌습니다. 여러분의 모든 죄가 용서함 받았습니다. 그러므로 여러분이 할 수 있는 것 전부라고는 회개하고 예수님을 구주로 영접하는 것 뿐입니다.

둘째, "네 모든 병을 고치시며"(3절)

나는 이 구절의 말씀이 "사하였으며"라든지 "고치셨으며"라고 하지 않고 "사하시며" 그리고 "고치시며"라고 씌여있어서 너무 기쁘고 감사합니다. 무슨 말입니까? 시제가 현재입니다. 지금도 여전히 우리의 죄를 사하시며 우리의 병을 고치신다는 말입니다.

셋째, "네 생명을 파멸에서 속량하시고"(4절)

넷째, "인자와 긍휼로 관을 씌우시며"(4절)

다섯째, "좋은 것으로 네 소원을 만족하게 하사"(5절)

성경은 하나님께서 좋은 것으로 우리를 만족하게 해 주신다고 말하고 있습니다. 그분은 결코 나쁜 것을 주시지 않습니다. 언제나 좋은 것을 주십니다. 내게는 영적인 아버지요 친구인 오럴 로버츠 목사님께서 말씀하셨듯이 "하나님은 좋으신 하나님이십니다."

여섯째, "네 청춘을 독수리 같이 새롭게 하시는도다"(5절)

우리가 하나님의 은택을 기억할 때 그분은 우리를 새롭게 해 주실 것입니다.

일곱째, "여호와께서 공의로운 일을 행하시며 억압 당하는 모

든 자를 위하여 심판하시는도다"(6절)

십자가 때문에 우리를 억압하는 자로부터 보호를 받습니다.

이제 여러분에게 한 가지 더 남아있는 은택을 나누고자 합니다. 이것은 수년 전에 주님께서 나에게 보여주신 것인데 내가 이것으로 인해 크게 은혜를 받았기 때문입니다.

하나님의 보좌 앞으로 나오라

사도 바울은 빌립보서 2장 5절에서 8절까지 예수님께서 우리를 위해 이루어 주신 뭔가 놀라운 사실을 기록하고 있습니다.

예수님께서는 저 하늘 보좌에서 십자가에 이르기까지 일곱 단계를 거치셨습니다.

1. "그는 근본 하나님의 본체시나 하나님과 동등됨을 취할 것으로 여기지 아니하시고"(6절)
2. "오히려 자기를 비워"(7절)
3. "종의 형체를 가지사"(7절)
4. "사람들과 같이 되셨고"(7절)
5. "사람의 모양으로 나타나사"(8절)
6. "자기를 낮추시고"(8절)
7. "죽기까지 복종하셨으니 곧 십자가에 죽으심이라"(8절)

우리가 빌립보서 2장 9-11절을 보면 하나님께서 예수님을 다시 그분의 보좌로 회복시키시는데 일곱 가지 단계를 거치셨습니다.

1. "이러므로 하나님이 그를 지극히 높여"(9절)
2. "모든 이름 위에 뛰어난 이름을 주사"(9절)
3. "하늘에 있는 자들과"(10절)
4. "땅에 있는 자들과"(10절)
5. "땅 아래에 있는 자들로"(10절)
6. "모든 무릎을 예수의 이름에 꿇게 하시고"(10절)
7. "모든 입으로 예수 그리스도를 주라 시인하여 하나님 아버지께 영광을 돌리게 하셨느니라"(11절)

히브리서 성경 말씀은 예수님께서 우리의 죄를 정결하게 하시는 일을 마치신 후에 "높은 곳에 계신 지극히 크신 이의 우편에 앉으셨느니라"(히 1:3)라고 선포하고 있습니다. 보좌 우편에 앉으심으로 다 이루었음을 말씀하고 계시며 하나님의 오른손이 그 능력을 나타내고 있습니다.

예수님께서 이제 모든 권세와 능력을 받으셨기 때문에 높은 곳에 계신 위엄도 예수님께서 왕 중의 왕이요 만유의 주 되심을 선포하고 계시는 것입니다.

이제 예수님께서 보좌에 계시기 때문에 성경은 "예수의 피를 힘입어 지성소[15] (하나님 계신 곳)에 들어갈 담력"(히 10:19)을 우리가 얻었다고 증거하고 있습니다.

예수님께서 저 하늘 보좌에서 십자가까지 우리를 구원하시러 오셨습니다. 그분은 십자가로부터 하늘 보좌에 다시 오르사 우리의 대제사장이 되셨으며 우리로 하여금 하나님 앞에 즉 그분의 임재하심 앞에 나아올 수 있게 해 주셨습니다.

주님의 만찬을 기념할 때마다 우리로 하여금 하나님과 다시 사귐을 가질 수 있도록 해 주신 것도 다름아닌 예수님의 보혈 때문임을 우리는 기억해야만 합니다. 여러분이 그분의 몸이 상하시고 그분이 피를 흘리심으로 우리를 위해 이루어 주신 그 모든 은택을 기억할 때 하나님의 임재하심은 여러분 위에 임하실 것입니다.

나의 경험으로 비추어 볼 때 나의 개인적인 기도 시간 뿐만 아니라 주일 예배 중에도 또한 대규모 신유 집회에서도 하나님의 기름 부으심은 언제나 예수님의 보혈을 통해서만 임한다는 것을 알게 되었습니다.

'예수님의 보혈'이 내게 그토록 소중하기에 나는 하나님께 주의 보혈로 인해 감사드리는 마음없이 한번도 예배를 인도해 본 적이 없습니다.

내가 '예수님의 보혈'을 기억하고 감사드릴 때마다 하나님의 임재하심이 나타났고 기적이 일어났습니다. 구약에서는 피

---

15) 우리말 성경에는 '성소'라고 되어 있으나 원문과 여기에서 의미는 '지성소'를 말하고 있다.

가 제단에 드려질 때 하나님께서 불로 응답하셨습니다. 오늘날에도 마찬가지입니다.

'예수님의 보혈'이 높임을 받고 그분의 십자가가 존귀히 여겨질 때 성령님은 오셔서 사람들의 심령을 만져 주십니다.

이 책을 읽고 난 결과로써 여러분의 삶 가운데 성령님께서 임하시기를 기도드립니다. 또한 주님을 사랑하는 마음이 그분과 얼굴과 얼굴을 대하여 볼 그 영광스러운 날이 올 때까지 여러분 안에 더욱 커지기를 기도드립니다.

예수님의 보혈(The Blood)

인쇄일	1994년 04월 05일
7쇄	2006년 02월 10일
수정2쇄	2016년 11월 25일
지은이	베니 힌
옮긴이	오복수
펴낸이	장사경
해외마케팅팀장	장미야
편집디자인	송지혜
펴낸곳	Grace 은혜출판사 (Grace Publisher)

주소 서울특별시 종로구 종로 65길 12-10
전화 (02) 744-4029 팩스 744-6578
출판등록 제 1-618호.(1988. 1. 7)

ⓒ 2016 Grace Publisher, Printed in Korea
ISBN 978-89-7917-892-0 03230

이 출판물은 저작권법에 의해 보호를 받는 저작물이므로 무단 전재와 무단 복제를 할 수 없습니다.